父母话术训练

李静 著

苏州新闻出版集团

古吴轩出版社

图书在版编目（CIP）数据

父母话术训练 / 李静著. — 苏州 ：古吴轩出版社，
2021.5（2023.6重印）
ISBN 978-7-5546-1750-2

Ⅰ．①父… Ⅱ．①李… Ⅲ．①家庭教育 Ⅳ．①G78

中国版本图书馆CIP数据核字（2021）第093871号

责任编辑：俞　都
见习编辑：张　君
策　　划：王应美　花　火
装帧设计：蔡炎斌

书　　名：父母话术训练
著　　者：李静
出版发行：苏州新闻出版集团
　　　　　　古吴轩出版社
　　　　地址：苏州市八达街118号苏州新闻大厦30F
　　　　电话：0512-65233679　　邮编：215123
出 版 人：王乐飞
印　　刷：唐山市铭诚印刷有限公司
开　　本：880×1230　　1/32
印　　张：5.5
字　　数：86千字
版　　次：2021年5月第1版
印　　次：2023年6月第7次印刷
书　　号：ISBN 978-7-5546-1750-2
定　　价：42.00元

如有印装质量问题，请与印刷厂联系。022-69236860

作为家长，您是否常常会遇到以下疑问：明明想表达对孩子的关心，最后却成了居高临下的说教；明明想引导孩子改正某些不好的习惯，一开口却变成了斥责……这是为什么呢？很大可能是父母的话术有问题。

那么，有问题的话术有哪些呢？

首先，粗暴的话术不可取。面对孩子某些屡教不改的坏习惯，如赖床、拖拉、磨蹭、丢三落四、拉帮结派、打架、逃课等，那些恨铁不成钢、气急败坏的家长常常会采用粗暴的话术。他们会在无意中将"家长"看成强者，并企图用粗暴的话术来控制孩子。比如，当孩子赖床不起时，他们会粗暴地说："起床了，再不起床我就打人了啊！"然而，很多时候，家长粗暴的话术非但影响不了结果，反而可能会激发孩子的叛逆情绪，使孩子变得越来越不听话，甚至孩子也像家长一样，养成了讲话粗暴的习惯。

其次，斥责、质问、说教的话术不可取。有些家长经常会端着"家长"的架子，在孩子出现问题时，居高临下地斥责、质问孩子，并以自己的经验和见识对孩子进行一番说教。在家长看来，这些话术可以更好地帮助孩子认识问题的严重性，让孩子重视起来。殊不知，很多孩子对家长的这类话术并不买单，他们大多只是暂时向家长的权威屈服，事后依然是老样子。

最后，贴负面标签的话术不可取。有些家长选择贴负面标签，并不是真的想打击孩子的自信心和自尊心，更多的还是想以此来激发孩子的上进心，让孩子继续保持谦虚、努力的态度。但是，对于大多数的孩子来说，他们需要从老师、家长的认可和鼓励中获得自信与力量。在面对老师、家长为自己贴的负面标签时，他们常常会不自觉地对号入座，久而久之，他们会否定自己，从而变得消极和自卑。

本书所提到的话术，一是指说话的方式和技巧，二是指在具体场景中所表达的具体话语，即所说的内容。

《父母话术训练》这本书囊括了众多亲子沟通场景。从起床到出门，从学校到家庭，从学习到生活，每一个沟通场景都取材于现实生活，能带给读者更多的共鸣。

此外，本书每一节都列举了一些不恰当的话术，希望家长能从中反省自己与孩子在沟通中出现的问题。同时，本书也提供了一些比较合理的话术建议，旨在帮助家长与孩子建立平等、平和的亲子对话关系，提高亲子沟通效率。

目录
CONTENTS

第三章 接孩子放学时的话术

第四章 辅导作业时的话术

第八章 **鼓励孩子的话术**

附录

家长话术模型对照表

第一章

晨起话术

在早晨这段短暂的时光里，几乎每一位家长都在与时间赛跑，他们要准备早餐，要送孩子上学，还要赶着去上班。时间本来就很紧张，偏偏孩子赖床、磨蹭，不好好吃早餐，甚至还不想去学校。面对孩子这些令人发狂的行为表现，家长会说出什么样的话语呢？这些话语合适吗？如果不合适，家长应该怎么说呢？

家有"起床困难户"

家中的孩子是个"起床困难户"，每天赖床不起，对此家长十分头疼。当家长一边忙着做早餐，一边担心孩子上学迟到，害怕自己上班迟到时，孩子却赖着不愿起床。这时，家长心中的怒火极易被点燃，很有可能对孩子说出一些催促、埋怨、唠叨的言语，比如：

☹ "睡够了吧？睡够了就赶紧起！"

☹ "看看现在都几点了，还不快起？"

☹ "要迟到了，快点儿起床！"

☹ "赶紧起床，再不起床我打你了哦！"

☹ "我这早饭都做好了，你怎么还在睡？"

上面这些话术可以轻而易举地挑起家长与孩子之间的"战火"，使早上原本就紧张的气氛变得更加紧张。正所谓"一日之计在于晨"，如若早上家里的氛围就比较紧张，那家长、孩子这一整天的情绪和状态自然就会受到影响。那么，究竟是哪些原因促使孩子成了"起床困难户"呢？

1. 孩子睡眠不足或睡眠质量不佳，如睡晚了、做噩梦了。

2. 孩子时间观念不强，不会合理分配自己的时间。

3. 孩子为了逃避上学。

4. 天太冷，孩子贪恋温暖的被窝。

当找到孩子成为"起床困难户"的原因时，家长就可以选择一些比较有针对性的、幽默又平和的话术叫孩子起床。下面是给父母的一些话术建议。

☺ "起床啦！妈妈给你做了香喷喷的早餐，有你最爱的麻团呢！"

☺ "起床啦！不然妈妈一会儿出门上班后，你就要一个人待在家里了哦！"

☺ "太阳都晒屁股了，再不起床，屁股就要被晒熟啦！"

☺ "眼睛醒了吗？醒了就眨一眨。嘴巴醒了吗？醒了就吱一声……"

家长在使用这些幽默、平和的话语叫家里的"起床困难户"起床时，不会增加孩子的紧张和焦虑，也不易让孩子感到烦躁。同时，为了把孩子培养成自立的人，家长还是要和孩子一起找到赖床的原因，这样才能从根本上帮助孩子摘掉"起床困难户"的帽子。

出门拖拖拉拉、磨磨蹭蹭

　　孩子一大早就拖拖拉拉、磨磨蹭蹭，这对着急送孩子上学，然后再赶到公司上班的父母来说，无疑是一件令人十分上火的事。可是，有时候家长越是着急、催促，孩子就越拖拉、磨蹭。在这个过程中，父母很可能会因为着急而说出一些不太合适的话语，比如：

　　☹ "别磨蹭了，快点儿！"

　　☹ "怎么还没好？"

　　☹ "你为什么总是这么慢？"

　　☹ "你就不能麻利点儿吗？"

　　☹ "你倒是快点儿啊！我这上班都要迟到了。"

　　其实，父母若总是对孩子说上面这些话语，就会在有意无意间强化孩子拖拉、磨蹭的意识，这对改掉孩子拖拉、磨蹭的习惯是不利的。那么，导致孩子早上出门拖拖拉拉、磨磨蹭蹭的原因有哪些呢？

　　1. 孩子自我控制能力较差，注意力容易被周围的事物吸引。

　　2. 家长催促越多，孩子越有抵抗情绪。你越催，我就越磨蹭。

3. 孩子责任感不强，觉得迟到无所谓。

4. 孩子没睡好，精神状态不佳。

当你的孩子因为各种原因而拖拖拉拉、磨磨蹭蹭时，父母先不要急躁，也不要试图通过说教让孩子一下子变得懂事，进而加快速度。否则会适得其反，让孩子心生抵抗情绪，故意放慢速度，变得更加拖拉、磨蹭。这种时候，家长可以试着这样对孩子说：

☺ "稍微快一点，好吗？马上就要八点了！"

☺ "你能稍微加快点速度吗？妈妈有些着急！"

☺ "要快一点哦！不然妈妈上班就要迟到了，迟到就要被扣钱，扣了钱就不能带你去吃好吃的啦！"

☺ "快一点哦！否则你就要自己承担上学迟到的后果了。"

☺ "妈妈觉得你今天比平时快了点儿，要是能再快一点儿就更好啦！"

在上面的几个话术中，父母没有吼叫，也没有说教，更没有给孩子贴上"拖拖拉拉、磨磨蹭蹭"的标签，但是能引导孩子去反思自己是不是真的慢了，自己有没有让妈妈等着急了，等等。从某种程度来讲，这样的话术更有助于家长找到孩子拖拉、磨蹭的原因，从而能更有针对性地帮助孩子改掉这个不良习惯。

不爱吃早餐

　　吃早餐不但可以赶走孩子的饥饿，还可以及时给孩子补充能量和营养元素，对孩子的身体健康十分重要。因此，当孩子不爱吃早餐时，一些家长会因为过于担心孩子的身体健康而急躁，从而说出一些不合适的话语，比如：

　　☹ "我辛辛苦苦地做了早餐，你说不吃就能不吃吗？"

　　☹ "早餐必须吃，不吃不行！"

　　☹ "让你吃早餐都是为你好，快点儿吃！"

　　☹ "不吃早餐对身体不好，必须吃！"

　　☹ "快吃，一大早你就开始给我找事儿，太不让人省心了。"

　　诚然，孩子不爱吃早餐，对身体健康和精神状态都不好。但是，如果家长使用一些不合适的话术来强迫孩子吃早餐，就会激发孩子的不良情绪，对孩子的身心健康不利。在这种矛盾的场景中，家长不可谓不头疼。实际上，孩子不爱吃早餐是有原因的，比较常见的原因有以下几种。

　　1. 早餐没有孩子喜欢吃的食物或不合孩子的胃口。

　　2. 孩子身体不舒服，确实不想吃。

　　3. 孩子起晚了，害怕因吃早餐而耽误上学。

4. 家长总是在早餐时间说教，孩子对此很厌烦。

在没有了解孩子因为什么不爱吃早餐前，家长需要注意自己的话术，不要一开口就喊"为孩子好"的口号，强势要求孩子必须吃早餐。家长可以试着转变一下话术，先了解孩子不爱吃早餐的原因。比如，当孩子不爱吃早餐时，家长可以这么说：

☺ "怎么了？没胃口吗？"

☺ "是因为没有你喜欢吃的食物吗？"

☺ "不用担心上学会迟到！先安心吃早餐。"

☺ "早餐要吃好，咱才有力气好好学习！"

因此，当孩子不爱吃早餐时，家长应该站在孩子的角度，先借助话术主动了解孩子不爱吃早餐的原因，然后根据相关原因做出调整，帮助孩子吃好早餐。

孩子出门丢三落四，本身就是一个令家长比较头疼的问题，加之早上时间本来就很紧张，好不容易准备出门了，孩子却说自己忘了这样忘了那样。甚至都快到学校了，孩子却突然说道："忘带数学作业了！"这种时候，家长的情绪往往是崩溃的，难免会因为没控制好情绪而说出下面这些不太合适的话语：

☹ "你怎么总是丢三落四的啊！"

☹ "你就不能细心一点儿吗？"

☹ "都怪你没有提前准备好，真是的！"

☹ "怎么现在才发现啊，我这上班都要迟到了！"

☹ "你刚才怎么不好好检查呢？"

☹ "你怎么回事啊？你怎么连收拾书包这点小事都做不好？"

其实，孩子早上丢三落四，心情自然是不好的，若家长再说一些不太合适的话语，就很容易加深孩子的自责和愧疚情绪，而这样的情绪会影响孩子一整天的学习状态。那么，为什么孩子早上总是忘东忘西、丢三落四的呢？主要原因有以下几点。

1. 父母习惯帮助孩子整理物品，导致孩子有了依赖心理。

2. 孩子做事没有计划和条理，难免会做了这件，忘了那件。

3. 早上起晚了，时间太紧，孩子手忙脚乱给忘记了。

4. 孩子做事总是心不在焉，注意力不集中。

5. 早上家长催得紧，孩子心里焦急。

导致孩子早上丢三落四的原因有很多，但丢三落四确实不是一个好习惯，家长可以借助话术来帮助孩子意识到这个问题。当孩子在临出门时说自己有东西忘了拿或找不到了，或者在半路突然说"作业忘记带了"时，家长不妨试试这么回复孩子：

☺ "你这样可不行！丢三落四不是好习惯！"

☺ "早上忘带东西很容易使人烦躁！以后咱得注意一下，争取出门不忘东西。"

☺ "啊！那咋办呢？如果回家取的话，你上学肯定要迟到了，妈妈上班也会迟到呢！"

☺ "一次忘带情有可原，妈妈有时候也会忘记，但你这已经不是第一次了，究竟是哪里出了问题呢？"

☺ "早上时间太紧了，你也是手忙脚乱的，难免给忘了。以后咱在晚上把书包整理好吧！"

诚然，孩子出门总是丢三落四，家长难免会急躁，但急躁终究不能解决问题。因此，在遇到类似的问题时，家长首先要控制自己的情绪，而后通过话术帮助孩子认识到丢三落四是个不好的习惯，引导孩子进行反思，找到丢三落四的根源，进而从根本上改掉孩子丢三落四的习惯。

父母话术 训练 016

不想去上学

我不想去上学！
我不要去上学！

生活中，父母很可能遇到孩子不想去上学的情形，这个时候，父母的回答话术会对孩子未来的学习态度产生极大的影响。那么，当孩子对你说"不想去上学"时，你会怎么回答呢？你会不会这样回答：

☹ "你不想上学，我还不想上班呢！"

☹ "爸妈让你去上学都是为了你好。"

☹ "你不想上学，你想干吗？你又能做什么呢？"

☹ "我辛辛苦苦地挣钱供你上学，你竟然跟我说你不想上学，真是太不听话了！"

☹ "去不去上学，可不是你说了算的。"

上面这些回答话术或多或少都带有一些埋怨、指责、生气的情绪，是很难说服孩子去调整情绪，认真对待学习的。事实上，孩子不想去上学大都是有原因的，比较常见的原因有以下几点。

1. 学校规矩太多，孩子觉得不自由，不想去。

2. 孩子学习上遇到了困难，课堂上无法集中注意力，听不懂老师讲的内容。

3. 孩子和同学相处得不愉快，缺少朋友。

4. 孩子上学太累，要早起，要专心听讲，要做作业。

5. 孩子心情不好，情绪不佳。

所以，当孩子对你说"不想去上学"时，父母不妨像个朋友一样，引导孩子打开心结，听听孩子的内心想法和感受。

当孩子说"我不想去上学"时，你可以试着这样回答：

☺ "哈哈，妈妈有时候也不想去上班呢！你能告诉妈妈为什么不想去上学吗？"

☺ "为什么呢？是在学校不愉快吗？"

☺ "嗯，可你若不去上学，准备做什么呢？"

☺ "你可以不去上学，但你得自己待在家里。你想一个人待在家里吗？"

实际上，很多时候孩子说不想上学，大多只是想跟父母发泄一下内心的不满。父母可以借助话术询问孩子不想上学的原因，而后对症下药，有针对性地帮助孩子排解、释放内心的不满情绪，从而树立积极、正确的学习态度。

第二章

收到老师负面反馈时的话术

　　大多数家长都是通过老师来了解孩子在学校的各种状态，如孩子的社交、课堂状态及其他行为表现等。当收到老师的负面反馈时，如孩子在学校不合群、爱打小报告、在课堂上传纸条、没去上课、和同学打架等，很多家长会很生气，从而说出一些伤害孩子的话语。那么，伤害孩子的话语有哪些呢？除了这些伤害性的话语，家长还可以怎么说呢？

父母话术 训练 020

孩子不合群

当老师向家长反馈孩子在学校有些不合群时，有些家长首先想到的是孩子的问题，如自私、自傲，胆小、不敢表达自己，存在社交障碍，招人厌烦等，从而对孩子心生不满，以致说了一些不合适的话语，比如：

☹ "你怎么回事啊，为什么会不合群？"

☹ "你是不是因为胆小才不合群的啊？"

☹ "你是不是在社交方面有问题？不然老师怎么会说你不合群呢？"

☹ "你在学校很不招人待见吗？"

☹ "你在学校没朋友吗？"

胆小、社交有问题、不招人待见、没朋友之类的表述方式，其实是给孩子贴了各种问题标签，这对孩子的性格养成和人格发展十分不利。因为孩子在学校不合群是有原因的，常见的原因有以下几个。

1. 孩子胆怯、自卑，不敢与人交往。

2. 孩子性格内向，不善于交际。

3. 孩子缺乏沟通能力，不懂得如何向周边的同学表达自己的想法。

4. 孩子太过自我，没有集体意识。

因此，当老师反馈孩子不合群时，家长先不要急着给孩子贴各种问题标签，可以选择一个大人、孩子都比较放松的场合，然后像朋友一样跟孩子聊一聊，从而更好地打开孩子的心扉，找到孩子不合群的根本原因。比如，家长可以试试这么跟孩子聊：

☺ "你对学校的集体生活有什么想法吗？"

☺ "你是怎么看待不合群这个现象的？"

☺ "在人多的时候，你会感到不自在吗？"

☺ "在遇到什么事情时，你会觉得自己不合群？"

☺ "你认为合群重要吗？"

这种围绕不合群的具体表现展开的聊天，不但可以引导孩子对不合群的现象进行思考，还能帮助家长更好地了解孩子的真实想法，从而以孩子更能接受的方式进行有针对性的引导，帮助孩子更好地融入集体生活。

喜欢拉帮结派

当老师反馈孩子在学校拉帮结派、搞小团体时，很多家长首先会认为孩子没有把心思用在学习上，其次会觉得孩子拉帮结派是为了欺负其他同学，进而大发雷霆，说出一些于事无补的话语，比如：

☹ "你能耐大了啊，都会拉帮结派了！"

☹ "你在学校不好好学习，拉帮结派是想干什么呀？"

☹ "这么小，你就知道搞小团体，长大了可还了得！"

☹ "听说你在你们小团体里还是个'孩子王'啊！"

☹ "你这孩子好的不学，偏要去拉帮结派，太不让人省心了。"

对于孩子拉帮结派、搞小团体的现象，家长平时是很难防控的，大多都是等老师发现了问题，再反馈给家长，家长这时才发现孩子已然在某个小团体中了，或是小团体里的"小跟班"，或是小团体里的"孩子王"。事实上，孩子作为一个生活在集体里的个体，拉帮结派、搞小团体并不是什么新鲜事，而且绝大多数孩子拉帮结派都是有原因的，常见的有如下四点原因。

1. 小团体可以让孩子有归属感和安全感。

2. 拉帮结派可以让孩子有被人依赖的感觉。

3. 拉帮结派会使孩子觉得自己没有被孤立。

4. 拉帮结派可以保护自己不遭排挤。

纵然孩子在学校拉帮结派不利于学习，对其社交观念的影响也不好，但是，家长也不能因此完全否定孩子拉帮结派、搞小团体的行为，甚至还对孩子进行压制和嘲讽。明智的家长会借助合适的话术来对孩子进行引导，他们通常会这么跟孩子沟通：

😊 "老师跟我说你在学校加入了×××团体，这个团体有趣吗？平时你们都会做些什么呢？"

😊 "我听说你在学校的小团体里是位小领导呢！你是领导大家好好学习呢，还是愉快玩耍啊？"

😊 "听说你在学校参加了某个小团体，社交能力蛮强的嘛！但你不可以仗着小团体的力量去欺负、排挤或是殴打其他同学哦！"

😊 "我听说你在学校拉帮结派呢！妈妈觉得这样做不太

好，毕竟学生还是要以学习为主。你能告诉妈妈为什么要拉帮结派吗？"

因此，当孩子在学校拉帮结派时，家长可以选择一些比较平和的话术，主动去了解孩子拉帮结派的深层原因，而后引导孩子在尊重、理解他人的基础上建立健康的人际关系。

爱打小报告

停！老师知道你要说什么，你是不是想说×××同学没有认真听课呀？

老师，老师……

老师向家长反馈:"孩子在学校爱打小报告,与同学有关的任何一丁点儿鸡毛蒜皮的小事,他都要向老师告状,时间长了,恐怕很难在同学之间获得支持和信任。"这种时候,大多数家长就容易焦虑,生怕孩子因此遭到老师的厌恶和同学的排挤,甚至觉得孩子爱打小报告是品性问题。于是,为了让孩子意识到这个问题,他们可能会选择一些不太合适的话术,比如:

☹ "小小年纪,你怎么就学会告状了呢?"

☹ "你向老师打同学的小报告,就不怕人家日后报复你啊?"

☹ "就那么一点小事,你就向老师打小报告呀?"

☹ "只有不好好学习的孩子才会打小报告。"

☹ "打小报告这种没出息的事情,你也做得出来,不嫌丢脸吗?"

☹ "你知不知道打小报告是很招人烦的啊?"

家长很可能是想通过上面这些话术来告诉孩子打小报告不好,希望孩子日后不要这样做。但是,对孩子来说,家长的这些话术有些过于苛刻和刺耳了,能起到的作用并不大。比起这些话术,家长先去了解孩子打小报告的原因,再结合这些原因选择合适的引导话术，可能效果会更佳。那么，孩子爱打小报告的背后又有哪些原因呢？归纳起来，大概有以下五个。

1. 孩子喜欢表现自我，想通过打小报告来获取老师的关注。

2. 孩子太过于维护规则，打小报告只是单纯地向老师反馈自己看到的信息。

3. 自己或别的同学被欺负后，向老师打小报告是为了寻求帮助。

4. 想通过贬低他人来换取老师的表扬。

5. 家长总告诉孩子"有事就告诉老师"，因此孩子打小报告只是遵照家长的嘱咐去做而已。

在了解孩子爱打小报告的原因后，家长再采用合适的话术引导孩子对打小报告的行为进行反思，最好让孩子学会换位思考。比如，家长可以试着用下面这些话术来与孩子沟通：

☺"这件事除了向老师打小报告之外，你还有其他解决方法吗？"

☺"这件事如果换成是你做的，你希望其他同学给老师打小报告吗？"

☺ "妈妈觉得这是一件小事，没有必要向老师告状，或许你该宽容一些。"

☺ "应该没有人愿意和爱向老师打小报告的人成为朋友吧？"

☺ "关于打小报告这种行为，妈妈是不鼓励的。但是，妈妈认为有些事情必须打小报告，如那些可能会伤害到自己或同学的暴力行为，你觉得呢？"

事实上，打小报告是孩子学习规则、维护规则以及表达力强的一种体现。因此，在处理孩子爱打小报告这个问题上，家长要把握好话术，既不能完全禁止、否定，也不可纵容、鼓励，要具体原因具体处理，要费心思去区别对待。

课堂上传小纸条

很多家长听到老师反馈孩子在课堂上传小纸条，就会想当然地给孩子贴各种负面标签，如注意力不在课堂上，在学校没有好好学习，扰乱课堂纪律，等等。带着这种想当然的想法，有些家长常常会对孩子说一些不合适的话术，比如：

☹ "老师讲的东西你都学会了吗？没学会，你都敢传小纸条？"

☹ "懂不懂课堂纪律啊，课堂上是你传小纸条的地方吗？"

☹ "你不知道课上传小纸条会影响课堂纪律啊？你不想学习，其他人还想学呢！你怎么一点责任心都没有啊？"

☹ "你这小脑袋瓜不用来认真听课，净想着传小纸条了啊！"

☹ "你在课上传小纸条，是觉得上课很无聊吗？还是你认为这学没有再上的必要了？"

孩子在课堂上传小纸条，不但会扰乱课堂秩序，还会分散自己及他人的注意力，严重干扰课堂教学，这也是老师、家长不允许孩子在课堂上传小纸条的主要原因之一。那么，为什么孩子要在课上传小纸条呢？其主要原因有如下四点。

1. 孩子对上课内容没兴趣，在课堂上坐不住，传小纸条是为了打发时间。

2. 老师的课堂教学枯燥乏味，对孩子没有吸引力。

3. 孩子忽然发现了有趣的事情，想通过传小纸条的方式与其他同学分享。

不管孩子因何在课堂上传小纸条，一旦老师向家长反映孩子有这种行为，家长就要做好引导，可以借助话术找到孩子课堂上传小纸条的原因，也可以通过话术晓之以理地告诉孩子不应该在课堂上传小纸条。下面是给家长的一些话术建议。

☺ "你在课堂上传小纸条，会在一定程度上扰乱课堂秩序，影响其他同学专心听课。妈妈认为这是一个对自己、对他人都不负责任的行为，你觉得呢？"

☺ "课堂是老师讲课、学生学习知识的地方。不管因为什么事情，你都不应该在课上传递小纸条。"

☺ "你是不是因为在课堂上坐不住才给同学传小纸条的呀？"

☺ "你是遇到急事了吗？你怎么会选择在课上传小纸条呢？这可是违反课堂纪律的，你知道吧？"

　　总而言之，当家长听到孩子在课堂上传小纸条时，不能仅凭自己的个人经验或主观想象，先入为主地对孩子一顿乱批，从而对孩子说出一些不合适的话语。家长可以先倾听孩子的内心，了解事情的前因后果，再逐步引导孩子去思考该不该在课上传小纸条。

成绩下降了

当听到老师反馈孩子的成绩下降时，相信大多数家长的内心都是十分焦急的，甚至还会有一些恐慌，难免会因为担心孩子的学业和前途，一时恨铁不成钢，说了些伤害孩子自尊或加重孩子心理负担的话术，比如：

☹ "你看看你考的这分数，对得起谁啊？"

☹ "你是怎么学的，成绩怎么会下降这么多？"

☹ "平时让你好好学习，你不听，这下好了，成绩下降了吧！"

☹ "成绩下降了这么多，肯定不行啊！你得好好加油，好好努力了。"

☹ "都怪你平时没有好好努力学习，所以成绩才会下降这么多！"

其实，面对成绩下降，孩子本人才是最难过的。这种时候，家长再说一些伤害孩子自尊的话术，无疑是在孩子的伤口上撒盐，加重对孩子的伤害，甚至可能会导致孩子厌学。因此，当孩子成绩下降时，家长不妨先试着与孩子谈心，找出成绩下降的原因，之后再采取下一步的行动。一般情况下，孩子成绩下降的原因主要有以下五点。

1. 学习上遇到困难。

2. 学习方法不对。

3. 学习习惯不好。

4. 学习态度有问题。

5. 个人状态不佳。

家长需要注意的是，在与孩子谈心的过程中，不要带有责骂或高期望的语气，要学会站在孩子的立场去理解孩子。那么，在与孩子谈成绩下降时，家长可以说些什么呢？下面是给家长的一些话术建议。

☺ "成绩下降了，最难过的就是你自己了。你有没有反思过为什么成绩会下降呢？"

☺ "你最近成绩下降了呢！是学习方法不正确，还是学习内容很吃力呀？"

☺ "成绩下降了，你心里肯定很失望、很难过吧？之后你要调整学习方法吗？"

☺ "妈妈知道你平时学习是很努力的，成绩下降肯定不是因为你不努力，想跟妈妈聊聊吗？"

　　实际上，孩子成绩下降，就算家长不提醒，孩子自己也能意识到。这种时候，家长需要做的应该是对孩子的心情表示理解，并和孩子一起探讨成绩下降的原因，引导孩子思考并制定好的方法和对策。

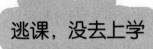

逃课，没去上学

当老师打来电话说"孩子逃课了，没去上学"时，大多数家长除了担心孩子的安危，还会对孩子逃课的行为表示愤怒。而且在孩子平安回家后，常常会把注意力放在孩子逃课的行为上，要么给孩子严厉的惩罚，要么苦口婆心地对孩子说教，强调"读书如何如何好，不能逃课"等。无论是惩罚还是说教，很多家长都难免会对孩子说一些不太合适的话术，比如：

☹ "你胆子大了，都会逃课了！不得了了。"

☹ "你逃课去干什么了？你为什么要逃课？"

☹ "谁教你逃课的？"

☹ "你逃课去哪儿了？你知不知道外面很危险？万一你出了意外怎么办？"

☹ "跟你说过多少次了，你现在要好好读书，将来才会有出息，逃课是在自己害自己。"

上面这些话术把重点都放在了质问和教导孩子上，是家长站在自己的角度，居高临下地数落孩子的话语，这样很可能引起孩子反感，让孩子变得更加叛逆或厌学。其实，孩子逃课是有原因的，主要原因有如下五点。

1. 孩子迟到了，怕被老师批评，不敢去上课，干脆选择逃课。

2. 孩子遇到了挫折，不想去上课，如被欺负、被排挤、压力大、成绩不理想等。

3. 孩子自控力差，贪玩。

4. 孩子厌学，不想去学校。

5. 孩子不喜欢某位老师，不想去上课。

在老师反馈孩子逃课没去上学时，家长务必保持理智和冷静，平等、平和地与孩子对话，才有可能使孩子敞开心扉，主动说明逃课的原因，这样家长才能为孩子提供更好的帮助。下面是给家长的一些话术建议。

☺ "老师说你逃课了，能告诉妈妈你为什么逃课吗？"

☺ "老师说你逃课了，妈妈很担心你，生怕你遇到危险。你逃课去哪儿了呢？"

☺ "你在学校过得不愉快吗？怎么突然就逃课了呢？"

☺ "妈妈知道你不是故意逃课的，能告诉妈妈你逃课去做什么了吗？"

　　绝大多数孩子都知道逃课不对，不能逃课。所以，当孩子出现逃课行为时，家长无须再对孩子进行数落或责怪，要控制好自己的情绪，心平气和地与孩子沟通，搞清楚孩子逃课的原因，然后再对症下药，从根本上解决孩子逃课的问题。

当家长因为孩子打架被老师请到学校时，大多都会非常生气，有些急躁的家长甚至不问青红皂白，就怒气冲冲地当众训斥、质问孩子，他们可能会对孩子说：

☹ "你怎么又打架了？你咋这么不懂事呢？"

☹ "我送你去学校，是让你去学习，不是让你去打架的。"

☹ "我有没有跟你说过在学校不许和同学打架？"

☹ "你为什么要打架？你书读得很好吗？"

☹ "我跟你说过多少次不能打架，不能打架，你把我的话当耳旁风了吗？"

其实，家长这种粗暴的训斥和质问，非但不能使孩子对打架这种行为进行反思，反而会引发自己和孩子之间的冲突，不利于亲子之间的有效沟通。与其这样，家长不妨先稳定自己的情绪，试着去了解孩子打架背后的原因。一般来说，孩子打架的原因主要有以下四点。

1. 孩子希望通过打架来树立自己的权威，使同学看到自己，尊重自己。

2. 同学之间发生小摩擦，彼此都不想道歉，最后情绪激动，矛盾升级，就选择用武力解决。

3. 孩子选择打架，是为了报复他人。

4. 父母平时在孩子面前常常表现出暴力行为或习惯用暴力的方式来解决孩子的问题，孩子打架不过是对父母行为的模仿。

当老师反映孩子在学校与同学打架时，家长训斥、质问孩子也好，安抚、询问原因也罢，目的都是希望孩子日后能够理智处理事情，不再采用打架这种暴力方式来解决问题。那么，当得知孩子和同学打架时，家长应该怎么与孩子沟通呢？在这种情境中，哪些话语更合适呢？下面是给家长的一些话术建议。

☺"打架不仅会伤害彼此，还解决不了问题，妈妈希望你能吸取教训。"

☺"孩子，需要妈妈给你一个拥抱吗？妈妈知道你本意并不想打架。"

☺"妈妈希望你能做一个有担当的孩子，能够杜绝打架等暴力行为的发生。"

☺ "现在是和平年代，遇到问题时咱应该选择更友好的方式去处理，而不是打架，你觉得呢？"

☺ "你肯定也希望和大家好好相处吧？妈妈知道你是因为自己被冒犯才动手打人的，但妈妈认为动手不是最合适的处理方式，你认为呢？"

上面的这些话术可以激发孩子的独立思维，引导孩子主动思考打架对解决问题的意义，因为它是建立在亲子关系平等的基础上的，要比父母居高临下地训斥孩子打架不对的方式柔和许多，而且也更容易使孩子接纳。

第三章

接孩子放学时的话术

接孩子放学回家的这段时间是家长了解孩子，拉近与孩子关系的黄金时段。但是，有些家长因为话术不太合适，问了一些不合适的问题，最终非但没有了解孩子，反而遏制了孩子交流表达的欲望。那么，究竟有哪些话术父母说得不合适呢？家长该如何改进呢？

"在学校过得怎么样？"

　　"今天在学校过得怎么样？"这是一个比较开放的问题，也是一天没见到孩子的家长最常问的问题。然而，当家长问完这个问题后，常常会得到孩子比较马虎、敷衍的回答，比如："就那样！""还可以！""一般般。"由此可见，这种话术并不适合打开孩子的心扉，激发孩子的表达欲望。类似的话术还有下面这四种。

　　☹ "你今天在学校都做了些什么？"

　　☹ "你今天都学了哪些知识？"

　　☹ "你今天在学校的表现如何？"

　　☹ "你今天遇到了哪些不懂的问题？"

　　在接孩子放学的路上，家长若采用上面所列举的这些话术对孩子进行提问，得到的常常只是孩子简短的回答。究其原因，主要有如下几种。

　　1. 此类话术的问法过于笼统抽象，孩子懒得去梳理、概括，从而选择敷衍应答。

　　2. 孩子对家长的问题也没有准确的判断，只好含糊应对。

　　3. 家长经常这么问，因此孩子觉得多说也没什么意义，不愿认真作答。

　　归根到底，孩子不愿认真回答父母的问题，主要是因为此类问题太过笼统、宽泛、乏味，无法激发孩子的表达欲望。因此，家长可以尝试将问题具体化、明确化和简单化。下面是给家长的一些话术建议。

　　☺ "今天你在学校有没有开心的事情发生呢？"

　　☺ "今天有哪个知识点让你觉得特别有趣？"

　　☺ "今天你们学校有没有发生什么特别的事情？"

　　☺ "今天上了哪些课？"

　　开心的事、特别的事、有趣的知识点等都属于比较具体的问题，而且这些问题大都是孩子印象比较深刻的事情，是孩子无须再去总结、概括就能回答的。这样的问题更能引起孩子的共鸣，激发孩子的表达欲望。因此，在接孩子放学的路上，家长可以稍微灵活变通一些，多尝试一些比较具体、明确、简单的话术与孩子交流。

"有没有违反纪律？"

宝贝，今天有没有违反课堂纪律呀？

"有没有违反纪律？"这句话本质上是一个负面提问，潜台词是家长在告诉孩子"你总违反纪律"。这其实是家长对孩子的一种偏见和不信任，极易引起孩子的排斥心理，亲子谈话氛围自然也不会太愉快。类似的提问还有很多，下面简单列举几个。

☹ "你今天有没有欺负别人？"

☹ "你在学校有没有不听话？"

☹ "你今天有没有被罚站？"

☹ "你有没有骂人？"

在接孩子放学回家的路上，家长若是按上面列举的这类话术与孩子沟通，那很可能会是一场无效的沟通，非但不能增进亲子之间的感情，反而会削弱孩子的自信心和责任心。理由有以下几点。

1. 上述的提问话术并没有将孩子放在与家长平等的位置上，更多的是家长居高临下的、不平等的单向沟通，容易使孩子产生不耐烦和叛逆的情绪。

2. 这些提问话术都指向了孩子消极、负面的行为品质，极易打击孩子的自信心。

3. 上述提问话术容易使孩子以为家长要责备自己，从而选择向家长隐瞒或撒谎，不利于培养孩子的责任心。

其实，在接孩子放学回家的路上，家长并不适合和孩子聊负面、消极的行为。一方面是沟通效果不佳，对孩子负面、消极的行为的纠正并没有好处；另一方面会使孩子产生厌恶情绪，不愿意与家长继续沟通，影响亲子关系。家长可以与孩子聊一些欢快的、高兴的话题，比如下面这类提问话术。

☺ "你今天在学校都吃了什么好吃的呀？"

☺ "你课间玩了哪些好玩的游戏？"

☺ "你今天做了什么有趣的事情？"

☺ "给你今天在学校的表现打分，满分若为10分，你会给自己打几分呢？"

欢快、高兴的话题更容易使家长放下架子与孩子平等地沟通，也更容易打开孩子的心扉，增强孩子的表达欲望，这对增进亲子间的关系是有益的。因此，父母可以借助欢快、高兴的话题与孩子在放学回家的路上畅聊一番。

"被老师批评了吗？"

有些父母在接孩子放学时，常常会问"有没有被老师批评？"或"被老师批评了吗？"。无论孩子有没有被批评，经家长这么一问，孩子就会想当然地去想"被老师批评"的负面信息，自信心会因此而受到打压，亲子之间的沟通效果也会受到影响。类似的问法还有以下所列举的这些。

☹ "你上课有没有走神？"

☹ "你有没有主动举手回答问题？"

☹ "对于老师讲的知识点，你有没有都听懂？"

☹ "你在课堂上讲话了吗？"

上面这些提问话术大都包含了一些负面信息，容易使孩子先入为主地感知到负面信息，比如"被批评了""课堂走神了""没举手回答问题""没听懂老师讲的内容""在课堂上讲话了"等等。之所以这么说，是因为如下三方面的因素。

1. 当问句中含有负面信息时，负面信息总能传递给对方焦虑的情绪，使人产生对抗心理。

2. 每个人都会有选择性地去接收信息，而问句中的负面信息更能引起关注，更容易被孩子接收。

3. 在多数孩子的既有观念中，家长始终都是高高在上的，因此面对家长的负面提问，孩子会误以为是在质问或责怪。

总结上述原因，我们可以归纳一下，家长在接孩子放学回家的路上，最好不要用含有负面信息的问句来与孩子沟通，以免给孩子传递焦虑、紧张的情绪，不利于亲子对话的进行。家长可以稍微转换一下思路，将含有负面信息的问题转化为正面的、积极的问题，以此来使孩子身心放松，从而增强孩子的表达欲望。下面是给家长的一些话术建议。

☺ "你今天被哪位老师表扬了呀？"

☺ "你们班谁回答问题最积极呀？"

☺ "如果你是老师，你最想奖励哪位同学一朵小红花？理由是什么呢？"

　　在放学回家的路上，家长与孩子谈论正面、积极的问题，一方面不易引起孩子的不适与反感，且能激发孩子的表达欲望；另一方面可以帮助家长更全面地了解孩子的在校情况，包括社交、课堂表现以及思想状态等。由此可见，这种亲子沟通方式是值得家长去尝试和探索的。

"有同学欺负你吗？"

近年来，校园欺凌事件引人关注。校园欺凌也成了孩子成长过程中，家长不得不面对的一个问题。有些家长因为担心孩子在学校遭到欺凌，常常会在接孩子放学时向孩子发问："今天你被同学欺负了吗？"殊不知，这种话术会给孩子的身心造成一些消极影响，不利于孩子融入学校集体生活。以下列举一些类似的话术，家长在生活中应注意避免。

☹ "你有没有被同学嘲笑？"

☹ "有人给你取难听的绰号吗？"

☹ "同学们有没有故意不跟你玩？"

☹ "你最近有没有和奇奇怪怪的孩子在一起？"

☹ "有没有同学故意推你、撞你？"

诚然，家长之所以这么问，是出于害怕孩子被欺凌的心理，目的是防止孩子遭受欺凌。但是，这种提问话术不但很难使家长获得想要了解的信息，还会给孩子造成一定的伤害，具体分析起来，其原因主要是以下三点。

1. 上述提问话术会在无意中给孩子灌输在学校就会"被欺负""被嘲笑""被取绰号""被孤立"的思想，可能会使孩子对学校形成一种不好的印象，进而产生厌学或不敢去学校的心理。

2. 这些提问话术会影响孩子的社交意识，会导致孩子不敢社交或不愿社交。

3. 如果家长总问这些问题，那孩子在潜意识里就会主动去关注或担忧这些问题，这对孩子的注意力的培养、心理健康都是不利的。

其实，家长想要了解孩子在学校是否遭遇欺凌，并不一定非要用上面列举的话术，也可以换一种话术从侧面了解孩子在校的社交情况。比如，家长可以尝试使用下面这类话术与孩子沟通。

☺ "你最喜欢跟谁一起玩呢？"

☺ "刚才出校门时好像看到你跟×××一起走了，他是个什么样的人呢？"

☺ "有没有人给你取好听的外号呀？"

☺ "你最近跟朋友们在一起会玩什么游戏呢？"

通过提问了解孩子在学校的交友情况、孩子间互取的外号及其互动的游戏，家长可以从侧面了解孩子在学校的社交状态，把握孩子的心理和思想，进而可以及时帮助孩子形成积极、健康的社交思想和行为，保护孩子不被欺凌。

第四章

辅导作业时的话术

辅导孩子做作业，是很多家长都非常头疼的一件事。在这个过程中，家长的不良情绪常常会因为孩子的某些行为表现而不受控制，比如，孩子一做作业就要上厕所、经常犯同样的错误、知识点一问三不知等。家长的情绪一旦不受控制，说出的话语也常常会比较粗暴，甚至极端消极。这类话术通常有哪些呢？除了这些话术之外，家长还可以说哪些良性的话术呢？

一做作业就想上厕所

　　孩子一写作业就要上厕所、喝水、吃水果，就是不愿意在书桌前坐下来。遇到这种情况，不少家长总忍不住想发火，有时还会说出一些不太合适的话，比如下面这类话语。

　　😞 "怎么一做作业，你就那么多事儿呢？"

　　😞 "你这作业什么时候才能开始做呢？"

　　😞 "你快点给我坐下来写作业！"

　　😞 "别磨蹭了，你看看这都几点了？赶紧写作业吧！"

　　😞 "我跟你说，不写完作业，你不许睡觉！"

　　家长若是用上面所列举的这些话术来与孩子沟通，非但很难使孩子乖乖地坐在书桌前写作业，反而会加重孩子的叛逆心理，导致亲子间的隔阂增大。那么，孩子为什么一做作业就想上厕所、喝水、吃水果呢？究其原因，主要有以下四点。

　　1. 作业太多，需要花费的时间太长，因此孩子有抵触情绪。

　　2. 作业太难，因此孩子心理压力大，精神紧张。

　　3. 孩子不喜欢写作业，寻找借口逃避写作业。

　　4. 孩子精力不济，注意力涣散。

　　在没有搞清楚孩子为什么不想坐下来做作业之前，家长先不要急着指责和命令孩子，不妨试试用下面的话术与孩子沟通。

☺ "你打算几点开始写作业呢？"

☺ "你坐下来写作业吧！妈妈在旁边看书陪你，你要是遇到难题，可以随时向妈妈求助。"

☺ "写作业是你自己的事！如果你现在不坐下来认真写，那你要么选择今晚晚睡，要么选择明天自己向老师解释，你自己拿个主意吧！"

☺ "你写完作业后，爸爸陪你看你最爱看的动画片，好吗？"

☺ "跟妈妈说说，你为什么总在做作业时去厕所呢？是因为作业太难了吗？"

家长话术的合适与否在某种程度上将决定孩子是否会形成"一做作业就想上厕所"的条件反射，进而影响孩子做作业的积极性。家长要巧妙地借助话术引导孩子发现做作业的乐趣，帮助孩子克服做作业的困难，让孩子有意识地改掉一做作业就想上厕所的习惯。

常犯同样的错误

　　家长在辅导作业时，可能常常会遇到孩子同样的错误一犯再犯的情形。同样一个知识点，不论家长反复强调了多少次，孩子依然会做错。这种时候，家长的情绪会受到很大的影响，极易对孩子说一些不太合适的话术，比如：

　　:("这个知识点我讲多少遍了，你怎么还是不会啊？"

　　:("你咋这么不长记性呢？同样的错误还要犯多少次？"

　　:("你这样怎么行？成绩怎么会好？"

　　:("你怎么又错了，做作业都不动脑子思考的吗？"

　　这些以"你……"开头的话术，大都具有强烈的指责和批评的语气，极易使孩子感到恐慌，从而无法将注意力集中到所犯的错误上，不利于帮助孩子解决常犯同样错误这个问题。

其实，导致孩子常犯同样错误的原因有很多，常见的有以下四个。

1. 知识点太难，超出了孩子的理解水平。

2. 做题时分心，对知识点似懂非懂，理解不透彻。

3. 家长辅导孩子作业时态度严肃，孩子为了尽快逃离这种氛围，选择不懂装懂。

4. 孩子缺乏反思能力，做错了不懂反思，也不查找原因，最终一错再错。

孩子总在同类型的题、同样的知识点上犯同样的错误，的确很让人生气。但是，生气终究解决不了问题。所以，家长在遇到孩子总犯同样的错误时，务必先控制好自己的情绪，然后再运用合理的话术引导孩子分析犯同样错误的原因。下面是给家长的一些话术建议。

☺ "我发现你总在这个知识点上出错，是因为这个知识点太难了吗？"

☺ "总犯同样的错误不好，咱们一起来找找犯错的原因，好吗？"

☺ "你经常在这类题型上犯错，是因为太心急，没有等到读完题目就急着动笔，从而忽视了后半句话的意思，是吗？"

☺ "为什么你总在这里犯错误呢？是知识点不懂，还是注意力没集中啊？"

针对孩子常犯同样错误的情形，家长要保持平常心，切忌对孩子大吼大叫，更不要用言语来攻击孩子，以免孩子因为紧张、害怕而说谎，不懂装懂，最终导致同样的错误一犯再犯。

知识点一问三不知

遇到孩子一问三不知的情形时，家长常常会气不打一处来，进而会对孩子说一些有损身心健康的话术，比如：

☹ "你上课带耳朵了吗？你都听了什么？"

☹ "这也不会，那也不会，干脆你这书也别念了。"

☹ "你怎么啥都不会啊？你这书都读哪儿去了？"

☹ "你肯定是在课堂上开小差了，不好好听课，你想什么呢？"

上面这些话术大都把孩子一问三不知的原因归结到了孩子身上，这是非常片面和粗暴的，对孩子很不公平，极易引起孩子的反感和叛逆。导致孩子一问三不知的原因有很多，常见的有以下五点。

1. 孩子上课没有好好听讲。

2. 知识点太难，孩子没理解，从而无法回答。

3. 孩子学习时没有动脑思考，眼睛虽然看着书本，但对知识点确实不理解。

4. 孩子虽然知道，但表达能力有限，表达不出来。

5. 孩子当时心情不好，不愿回答。

其实，很多事情的诱因都不是单一的，孩子一问三不知也一样。家长不能简单粗暴地将责任完全推到孩子身上。在没了解清楚原因之前，家长应该学会控制自己的情绪，保持平和的语气去引导孩子找到导致问题的原因，再与孩子共同探讨解决方法。下面是给家长的一些话术建议。

☺ "没关系，你不要自暴自弃。我们一起来想办法学习这些知识点。"

☺ "'知之为知之，不知为不知。'你这么诚实，妈妈很欣慰。接下来妈妈陪你一起寻找'不知'的原因，好吗？"

☺ "你怎么会一问三不知呢？是在课上没听懂吗？"

☺ "对你来说，这个知识点的确是有些难度，具体是哪里不理解呢？"

☺ "怎么啦？你看起来心情很不好啊！愿意跟妈妈说说吗？"

面对一问三不知的孩子，家长不要一味地将责任推到孩子身上，并试图通过责备、批评来强化孩子的责任，想让孩子自责、愧疚，进而认真学习。事实上，这种方法极易引起反作用。为了让孩子把知识点学扎实、学到位，家长要学会使用恰当的话术来帮助孩子找到一问三不知的原因，而后针对具体原因提出具体的解决方案。

抱怨作业太多

孩子总是抱怨作业太多写不完，甚至不想写作业，这令很多家长都十分苦恼。当遇到这种情形时，有些家长会以高高在上的姿态，用一些不合适的话术来对孩子进行各种指责和说教，比如：

☹ "作业多吗? 我看你就是不想写作业。"

☹ "你有这抱怨的工夫，还不如好好写作业。你赶快写，不写完不准睡觉! "

☹ "作业多也是为你好，少废话，你赶紧写。"

☹ "就你作业多，别人就不多吗? "

☹ "多什么多? 我看是你废话多，赶快写! "

当家长采用上面这些话术应对孩子的抱怨时，无形中会将亲子间的沟通推入不良境地，常常会让孩子带着不愉快的情绪去写作业，这对孩子的注意力、学习效率都会产生负面影响。那么，孩子为什么会抱怨作业太多呢? 具体原因又有哪些呢? 下面简单地列举比较常见的几种原因。

1. 孩子不愿意长时间坐着写作业，抱怨是希望家长调整一下学习计划。

2. 题目难度大，孩子有畏难心理。

3. 孩子心不在焉，不想做作业。

4. 学习效率低。

5. 作业量确实过多了。

当孩子抱怨作业太多时，如果家长只是一味地指责孩子，那既不利于帮助孩子认识自身的缺陷和不足，也不利于提高孩子的学习效率和学习兴趣。因此，家长要学会用积极的心态和语言来感染孩子，帮助孩子克服这个难题。下面是给家长的一些话术建议。

☺ "我也觉得今天的作业稍微有点多，但如果做好时间安排，还是能很快写完的。你制订写作业的计划了吗？"

☺ "怎么啦？你是遇到什么问题了吗？"

☺ "你说的作业多指的是所有作业吧！虽然每科作业不多，但加起来还是不少的。咱一科一科地做，相信很快就可以搞定啦！"

☺ "你是不是不想在书桌前坐那么长时间啊？你可以做完一科休息一会儿嘛！"

　　当孩子以抱怨的心态向家长倾诉作业多时，家长要对之回以积极、乐观的态度，而且言语间要对孩子的心理感受表示理解和认同，如此才能更好地帮助孩子调整心态，更积极、高效地完成各科作业。

一遇到难题就求助家长

在辅导孩子写作业的过程中，有些孩子总是一遇到难题就求助家长，全部作业做下来，孩子能求助无数次。这令家长很是头疼，常常会气急败坏，继而对孩子说一些不太合适的话术，比如：

☹ "你别一遇到难题就找大人帮助呀！"

☹ "你就不会自己动脑子思考一下吗？"

☹ "喊什么？你行不行啊？要是我不在家，你这作业是不是就不做了？"

☹ "别动不动就喊妈，那是你自己的作业，遇到难题也应该自己去解决，喊妈不管用！"

☹ "平常咋不见你喊妈喊得这么勤？这会儿知道喊妈了？"

上面这些话术都带有一定的消极情绪，不但会激发孩子的对抗心理，还会打击孩子寻求帮助的积极性，增加孩子的挫败感。那么，为什么孩子总是一遇到难题就求助家长呢？其主要的原因有以下三点。

1. 孩子极其依赖家长，遇到难题首先想到的是找家长。

2. 孩子缺乏独立解决问题的能力，没有主见。

3. 孩子懒得动脑，缺乏独立思考的能力。

因此，在孩子一遇到难题就求助家长时，家长与其气急败坏地训斥孩子，不如保持平和的心态，借助恰当的话术引导孩子解决难题。下面是给家长的一些话术建议。

☺ "哪个知识点把你难住了呀？你都用了哪些解决方法呢？"

☺ "这道题确实有点儿难度，你先别着急，调整好状态，一步一步来。"

☺ "这道题没做出来，你心里一定很不开心吧？你可不可以换一种思路呢？"

☺ "你想要我帮你什么呢？帮你梳理一下这个知识点可以吗？"

家长要学会巧借孩子求助的机会，运用话术引导孩子积极应对难题，帮助孩子掌握解决难题的思路和方法，以培养并提升孩子的独立思考和解决问题的能力。

思维僵化，不懂灵活变通

孩子学习时往往会思维僵化、死板，最常见的表现就是老师怎么讲、家长怎么说、书上怎么写，他就怎么做，完全不懂得灵活变通，这令很多家长哭笑不得。在面对这种情况时，有些家长常常会用言语对孩子进行一番嘲讽和挖苦。比如：

☹ "你这榆木脑瓜，怎么就一点都不开窍呢？"

☹ "你能不能有点儿自己的想法，不要总是这么呆板？"

☹ "你怎么就一根筋呢？你就不能稍微转转弯，换一种思维方式吗？"

☹ "既然这种方法解不出来，你就不会灵活点儿，换一种方法或思路吗？"

☹ "你真是没救了！这道题和书上例题的题型、解法一样，你竟然告诉我不会做！"

孩子思维僵化，不懂得灵活变通，这并不利于培养孩子的创新思维，也不利于培养他们的好奇心和想象力。其实，孩子思维僵化，不懂得灵活变通是有原因的，主要原因有以下五点。

1. 父母对孩子管教过度，完全掌控着孩子的生活和学习，直接剥夺了孩子的想法和选择权。

2. 父母自己思维僵化，无法给孩子营造一个具有创造性的想象空间。

3. 孩子的认知有限，总是片面、孤立、非黑即白地对待学习。

4. 孩子思想单一，眼界狭窄，排斥新事物，导致缺乏想象力和创造力。

5. 孩子没有主见，不愿开动脑筋，将老师、家长的话及书本上的内容奉为金科玉律。

在本该想象力和创造力都极强的时期，孩子却表现得思维僵化。家长在焦虑的同时，切记不能忽略导致孩子思维僵化、不懂灵活变通的原因。家长除了要从自身寻找原因之外，还可以借助话术引导孩子敞开心扉，从孩子的话语中寻找其思维僵化、不懂灵活变通的其他原因。下面是给家长的一些话术建议。

☺ "你要不尝试一下省略掉某些不必要的、无关紧要的步骤呢？"

☺ "这道题目的解决方法并不是唯一的，你可以试着找找其他的解决方法。"

☺ "妈妈认为这道题还有更简单的方法呢！你要不要动动脑筋挑战一下呢？"

☺ "老师、家长的话也可能是错误的哦！比如，刚刚这道题，妈妈说的就不对。你要是没有自己的想法，照妈妈的方法去做，那不就错了嘛！"

孩子思维僵化，不懂得灵活变通，无疑会阻碍其智力的发展。因此，家长对此要重视起来，但这个重视并不是强制要求孩子立刻、马上做出改变，而是先找到原因，再逐步引导孩子解决问题。

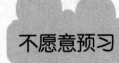

不愿意预习

唉，不想预习啊！

先复习，再写作业，最后预习，这几乎是家长辅导孩子写作业时的常规步骤。然而，有些孩子很排斥预习，他们不愿意花时间去预习，而家长又常常以"让你预习，都是为你好"为出发点。于是，亲子间就产生了冲突，很多家长难免会对孩子说一些不恰当的话术。比如：

☹ "让你预习是为了提高你的听课效率，都是为你好。"

☹ "课前不预习，课上听不懂。你不想预习也得预习，这事没得商量。"

☹ "让你预习又不是在害你，还不都是为了培养你的自主学习能力吗？"

☹ "我逼你预习，你虽然现在不高兴，但以后你肯定会感谢我。"

诚然，对孩子来说，预习会有很多好处，比如，可以保证听课质量，提高学习兴趣，养成自主学习、主动思考的习惯等。但是，这些好处需要以孩子对预习抱有主动、积极的态度为前提。如果孩子不愿意预习，家长又强行要求孩子坐下来预习，那这些好处必然是要大打折扣的。其实，孩子不愿意预习是有原因的，常见的原因有以下三点。

1. 孩子认为预习没有必要，反正老师上课都是要讲的，何必要花时间去预习呢？

2. 完成当天作业之后，孩子很疲惫，没有精力去预习。

3. 孩子本身的学习兴趣就不高，从心底排斥预习。

明智的家长会根据孩子的状态来寻找孩子不愿意预习的原因，而后根据不同的原因采取不同的话术，引导孩子对预习保持积极、主动的态度。下面是给家长的一些话术建议。

☺ "我看你对预习的积极性不高呀！是觉得自己即使不预习，也能听懂老师上课讲的内容吗？"

☺ "跟妈妈说说，你觉得预习有必要吗？理由是什么？"

☺ "让你预习是为了帮助你提高听课效率，但我看你现在已经很疲惫了，咱今天就先不预习了，免得你明天没有精力好好听课，反而降低了听课效率。但是预习是个很好的学习习惯，以后还是要坚持的！"

☺ "你知道吗，认真预习会提高学习兴趣哦！你要不要试一试，先预习一两科呢？"

　　家长要求孩子预习，终归还是希望预习能给孩子的学习带来一些好处。因此，家长要学会站在孩子的角度，去倾听孩子的心声，找到孩子不愿意预习的根本原因，再有针对性地进行话术引导，争取让孩子养成预习的好习惯。

第五章

家庭日常行为话术

在日常生活中，孩子的某些行为总会令家长很生气，也很头疼，比如，把房间弄得乱糟糟的、未经允许就拿了家里的钱、挑食偏食、不主动跟长辈打招呼等。每到这种时候，一些不合适的话术就会从家长的嘴里蹦出。那么，这类不合适的话术有哪些呢？家长应该怎么说才合适呢？

不做家务，房间总是乱糟糟的

哇！宝宝真能干！房间收拾得很干净呢！

在许多家长看来，乱糟糟的房间使人看起来很不舒服，而且极易影响人的心情和注意力。在看到被孩子搞得乱糟糟的房间时，很多家长都会感到身心疲惫，总会忍不住训斥孩子几句，从而会对孩子说一些不合适的话术，比如：

☹ "你看看你的房间都乱成什么样了，也不知道收拾收拾。"

☹ "你就不能稍微收拾一下自己的房间吗？"

☹ "你这房间比垃圾堆还乱，简直不是人住的，赶紧收拾一下！"

☹ "跟你说过多少遍了，要保持房间整洁，你看看你这房间都快赶上'猪窝'了。"

☹ "连收拾房间这么简单的家务活都不做，你说你将来还能有什么大出息呢？"

上面这些话术对说服孩子做家务、整理房间的效果其实并不理想，反而会造成一些负面影响，比如，引起孩子的反感，孩子认为父母过于唠叨或要求太多，等等。很多时候，绝大多数家长都只是因为看到房间乱糟糟的表象而对孩子进行训斥，常常忽视导致孩子弄乱房间、不做家务的真正原因。这些原因有以下三点。

1. 家长平时总对孩子的事情大包大揽，导致孩子缺乏自理能力，不会做家务。

2. 孩子本来想参与家务活，家长却因孩子笨手笨脚而直接上手替孩子做，导致孩子形成了极强的依赖心理。

3. 孩子并不在乎房间是否整齐。

在孩子把房间搞得乱糟糟的时候，家长不妨借此机会让孩子从整理自己的房间开始，引导孩子学习做家务，提高孩子做家务的能力，增强孩子的自理能力。家长可以尝试用下面的话术对孩子进行引导。

☺ "房间有点乱了，你要不要跟妈妈一起收拾一下？"

☺ "妈妈看到你这乱糟糟的房间，心情不太好，你能收拾一下吗？"

☺ "你可以收拾一下自己的房间吗？如果遇到不会收拾的地方，你就告诉妈妈。"

☺ "你这房间有些乱，如果你能稍微整理一下，看起来就会舒服了，而且还会减少细菌的滋生呢！你要不要试试呢？"

针对孩子弄乱房间这种现象，家长不要一味地强调孩子不应该把房间弄乱或对孩子进行批评，而要关注到其背后的原因，可以借助话术来引导孩子学会整理自己的房间，帮助孩子提升家务处理的能力，让孩子变得更加自立。

不经允许，就拿了父母的钱

对于孩子在没有告知家长，未征得允许的情况下，就拿走家长放在家里的钱的行为，许多家长的态度是愤怒的。即便他们不打孩子，也少不了会对孩子进行一番语言训斥。下面列举一些常见的家长攻击孩子的话术。

☹ "你竟然学会'偷'钱了？什么时候学的？跟谁学的？"

☹ "你知不知道这种不经允许就'偷'拿他人钱物的行为是犯法的，是要被抓进少管所的。"

☹ "说说看，你'偷'这些钱干什么？"

☹ "你这种就属于'偷窃'行为，就应该交给警察来管。"

☹ "小小年纪就不学好，都敢'偷'钱了啊！"

有些家长常常会将孩子没经大人允许，就拿家里的钱的行为与"偷窃""学坏""犯罪"等负面词汇联系起来。常常抱着"你说什么我都不听，我只知道你'偷'东西了"的态度，强行给孩子贴上"偷"的标签，根本不给孩子解释的机会，这会给孩子的心理健康造成极大的伤害。其实孩子不经家长同意，就从家里拿钱的原因有很多，常见的有以下五个。

1. 孩子可能在学校遭到了校园霸凌，拿钱是为了保护自己。

2. 为了和同学攀比，孩子拿家长的钱作为自己炫耀的资本。

3. 孩子对"偷"和"拿"没有概念，认为家里的东西都可以随便拿。

4. 家长不给孩子零花钱，孩子只好选择在大人不知情的情况下偷偷地拿。

5. 孩子想通过拿钱来获取家长的关注。

在不知道孩子从家里拿钱的原因之前，家长应该先保持理智和冷静，然后再用平和的话术与孩子沟通，了解孩子拿钱的动机。下面是一些供家长参考的话术建议。

☺ "你为什么要拿钱呢？是零花钱少了，还是遇到什么事情了？想跟妈妈聊聊吗？"

☺ "如果你需要钱，可以向爸爸妈妈说明，只要需求合理，爸妈都会给你，但是不能不经允许就自己拿。"

☺ "家里的很多东西并不是可以随便拿的！比如钱就不可以，需要经过爸妈的同意才能拿。"

☺ "哎呀，最近爸妈工作太忙了，冷落你了吧？你看，连你的零花钱都给忘了，真是不应该啊！"

孩子没有经过大人的允许，就拿了大人放在家里的钱，家长为此感到生气、愤怒，也是人之常情。但是，家长切不可因为生气、愤怒就对孩子又打又骂，甚至将此事上升到孩子的人品、道德等问题上，以免使孩子产生深深的焦虑、恐惧、无助等情绪，从而影响孩子的身心健康。

挑食偏食，不好好吃饭

　　在饮食方面，有些孩子只吃自己喜欢的一种或几种食物，除此之外的其他食物，他一概不吃，这会严重影响孩子的营养摄入和体格、智能发育。这也是孩子挑食偏食时父母会生气、担忧的主要原因。大抵是因为"爱之深，责之切"吧，在孩子挑食偏食时，有些家长常常对孩子说一些不太合适的话术。比如：

　　☹ "不多吃蔬菜是长不高的！"

　　☹ "不好好吃饭的孩子不是好孩子！"

　　☹ "我看你是没被饿过，才会这么挑食偏食！"

　　☹ "爱吃就吃，不吃就饿着！"

　　☹ "这个菜虽然不好吃，但是它营养价值高，你必须吃！"

　　诚然，家长之所以对孩子说上面这些不太合适的话术，无非是为了让孩子好好吃饭，从而能够摄入更全面的饮食营养，其出发点是好的，但话术并不合适。其实，大多数孩子挑食偏食都是有原因的，家长在立足好的出发点的前提下，再结合孩子挑食偏食的原因，会更容易找到合适的话术引导孩子好好吃饭。通常情况下，孩子挑食偏食的原因主要有以下四点。

1. 家长带头挑食偏食。

2. 孩子总吃零食，对吃饭兴趣不大。

3. 食物比较单一，孩子没有食欲。

4. 家长过分溺爱、娇惯孩子，对于孩子不喜欢吃的食物，就不再上餐桌。

家长要结合实际情况，找到孩子挑食偏食的主要原因，再具体原因具体分析，如此才能找到合适的话术引导孩子。针对不同的原因，家长可以选用不同的话术，下面是给家长的一些话术建议。

☺ "今天的晚餐，咱来比一比看谁吃的蔬菜最多，好吗？"

☺ "你最近吃的零食太多了，都没有肚子来品尝妈妈精心准备的饭菜呢！所以，妈妈决定暂时取消对你的零食供应，让你留着肚子好好吃饭菜！"

☺ "你最近有没有想吃的菜呀？是豆角、白菜，还是蘑菇、土豆？是西红柿鸡蛋汤，还是排骨海带汤啊？"

☺ "这苦瓜确实有点儿苦，但可以清热消暑，保护我们的身体健康呢！这样吧，妈妈吃一块，你也吃一块，好吗？"

　　孩子挑食偏食，不好好吃饭，实属正常现象。家长与其使用一些不太合适的话语来强迫或反激孩子好好吃饭，不如多花点时间和精力去了解孩子挑食偏食的主要原因，而后再对症下药，有针对性地帮助孩子逐渐改掉挑食偏食，不好好吃饭的习惯。

不主动向长辈打招呼

有些家长会因为孩子不主动向长辈打招呼，就生气地给孩子贴上没有礼貌的标签，甚至常常在长辈面前训斥孩子，用粗暴的语言强行要求孩子打招呼。下面是一些常见的父母强行要求孩子主动与长辈打招呼的不太合适的话术。

☹ "你怎么这么没礼貌？快跟长辈问好啊！"

☹ "你都多大了，还不知道主动向长辈打招呼啊？"

☹ "在长辈面前，你倒是打个招呼，问声好啊！"

☹ "你不会说话吗？快打招呼啊！"

☹ "你怎么不打招呼？真是没礼貌！"

大多数时候，当孩子在长辈面前没有主动打招呼时，很多家长开口的第一句话大都是指责孩子不礼貌，他们几乎不考虑孩子的感受，因而常常会忽视孩子不向长辈打招呼的原因。那么，孩子不主动向长辈打招呼的原因有哪些呢？

1. 孩子不知道怎么跟长辈打招呼。

2. 孩子见到长辈紧张、害怕，不敢大声打招呼。

3. 孩子内向害羞，不敢开口。

4. 家长平时也不主动与他人打招呼，没为孩子做好榜样。

从上面这些原因可以得知，孩子不主动与长辈打招呼并不全是不礼貌。因此，再遇到孩子不主动跟长辈打招呼时，家长先不要生气、烦恼，可以主动问问孩子不打招呼的原因，再协助孩子意识到主动打招呼的重要性。下面是给家长的一些话术建议。

☺ "你见到长辈很紧张吧！但是紧张也要打招呼哦，这是非常重要的礼节。"

☺ "今天来家里的长辈你都不太熟悉，来，妈妈介绍你跟他们认识一下。"

☺ "妈妈希望你能主动地上前跟长辈们打招呼！你想去试

试吗？"

😊 "你看，爸爸在——与长辈们打招呼呢！你要不要像爸爸那样，也去跟大家打个招呼呀？"

家长用话术主动询问孩子不向长辈打招呼的原因，一来有助于父母找到孩子不打招呼的根本原因，二来可以给孩子传递家长关心他们情绪和感受的态度，能够增近亲子之间的感情，可谓一举两得，值得广大家长借鉴。

大人说话总插嘴

　　当家长与朋友或客人谈话时，孩子总插嘴，要么问这问那，要么断章取义，试图加入大人的谈话，致使谈话被打断，这会令家长尴尬不已。这个时候，有些家长会因为尴尬、生气而冲孩子说一些不太合适的话语，经常听到的有以下几种。

　　☹ "你怎么这么讨厌啊，总是打断大人的谈话！"

　　☹ "大人说话，小孩子别老插嘴，你懂不懂礼貌？"

　　☹ "我有没有给你讲过，大人说话时小孩子不能插嘴？为何我都讲了几十遍了，你的老毛病还是不改？"

　　☹ "你没看见妈妈正在跟别人说话吗？你老插嘴是怎么回事儿啊？"

　　面对大人谈话时孩子插嘴的情形，家长常常会对孩子进行质问或指责，很少会去探究孩子插嘴背后的原因。家长在不了解原因的前提下，只是一味地质问或指责孩子，非但不能使孩子意识到乱插嘴是一种不礼貌的行为，反而会使孩子感到委屈，甚至会使孩子缺失安全感。因此，在孩子插嘴时，家长首先要控制好自己的情绪，其次才是冷静理智地去分析原因。通常情况下，孩子总插嘴的原因主要有以下五点。

1. 孩子想表达自己的感受，想被大人看到。

2. 孩子总以自我为中心，不懂得尊重他人的感受。

3. 孩子对大人所讨论的事情感兴趣，想参与其中。

4. 家长也喜欢在外人面前插话，给孩子树立了不好的"榜样"。

5. 孩子没有耐心等待，有问题就想立刻得到家长的解答。

了解孩子乱插嘴的原因后，家长就可以提前想好对策，帮助孩子逐渐改掉乱插嘴的习惯。同时，在帮助孩子的过程中，家长还可以借助话术引导或鼓励孩子，让孩子感受到自己没有被忽视。下面是给家长的一些话术建议。

☺ "如果你正在和好朋友聊天，妈妈总在旁边插嘴，你会不会觉得妈妈很烦呢？"

☺ "大人正在谈话时，你总在旁边插嘴势必会干扰大人交谈，这是非常不礼貌的。"

☺ "妈妈要和同事说说工作上的事，你需要自己玩一会儿。如果中途你有什么话要跟妈妈说，妈妈希望你能耐心地等我们把事谈完，妈妈相信你能做到！"

☺ "妈妈希望你在插话之前能给妈妈一个信号，比如，'不好意思，我需要打断一下'。然后，在获得妈妈允许之后再说话。当然，最好是不要插话！"

☺ "如果我的话还没说完，就被人打断，那我会很不高兴的。"

家长不要将孩子总插嘴定义为不好的、消极的行为习惯。事实上，孩子总插嘴展现了孩子的求知欲强、表现欲强和思维敏捷。因此，家长要做的是引导孩子懂得适合插嘴的时机、方式和场合，以保护孩子的求知欲、表现欲，保持孩子的思维敏捷性。

沉迷于看电视

看电视本身属于一种娱乐消遣的方式，不是什么伤害人的洪水猛兽，但若是沉迷于看电视，那性质就不一样了。孩子沉迷于看电视，不但会危害孩子的视力和听力，还会阻碍孩子的智力发展和身体发育，对孩子的伤害极大。这也是家长不愿意让孩子沉迷于看电视的部分原因。当孩子沉迷于看电视时，大多数家长常常会粗暴地关掉电视，而后对孩子进行一番说教。下面是家长对孩子进行说教的一些话术，值得大家引以为戒。

☹ "你要是把看电视的精力用在学习上，那我还用得着担心你的成绩吗？"

☹ "你现在正是好好学习的年纪，但你一天到晚就知道看电视，也不知道是什么时候染上的恶习。"

☹ "电视剧有啥好看的？你有那看电视的时间，还不如多看会儿书，多学习一会儿呢？"

☹ "都几点了，你还看电视哪！明天这学还上不上了？"

大多数家长在粗暴地关掉电视之后，常常还会抓住这个机会，对孩子说教、唠叨一番，想以此来劝导孩子好好学习。然而，家长这么做非但起不到什么作用，反而更容易招孩子厌烦，诱发孩子的逆反心理，加大亲子间的隔阂。很显然，这种简单粗暴的方式并不能帮助孩子改掉沉迷于看电视的习惯。因此，家长要寻找导致孩子沉迷于看电视的具体原因，然后再制定相关的解决方案。一般情况下，导致孩子沉迷于看电视的主要原因有以下四点。

1. 家人也沉迷于看电视。

2. 孩子缺少爸爸妈妈的陪伴，电视成了孩子的"保姆"。

3. 亲子关系不和谐，孩子通过看电视与家长反抗。家长越不让看，孩子越要看。

4. 孩子出现认知偏差，以为可以通过电视学到知识。

按理说，找到具体的原因，就能制定相应的解决方案。但是，不论家长采取什么解决方案，最终都免不了要用话术与孩子沟通，而此时的话术往往决定了解决方案能否顺利实施以及实施效果如何。下面是给家长的一些话术建议。

☺ "看电视的时间已经结束了哦，你该去洗脸啦！"

☺ "宝贝，再过半小时，你看电视的时间就要结束了，到时候我们可就要乖乖去睡觉啦！"

☺ "妈妈已经按约定的时长调好了闹钟，一会儿闹钟响了，你要主动关掉电视，好吗？"

为了帮助孩子养成有节制地看电视的习惯，家长首先要做好榜样，放下手机，离开电视，给孩子更多的陪伴。其次，家长要学会与孩子正确沟通，和孩子一起商讨看什么节目，看多长时间，并制订一个合理且孩子愿意接受的计划。最后，家长要做好监督，要学会用话术提醒和引导孩子改掉沉迷于看电视的习惯。

第六章

与孩子社交有关的话术

　　孩子在社交过程中会出现各种问题，比如，和"坏"孩子玩在一起，不愿意与他人分享，与朋友发生冲突，喜欢攀比，兄弟姐妹之间爱争吵，等等。在面对这些问题时，家长经常会出言干涉，然而哪些"言"属于不太恰当的呢？恰当的"言"又该怎么说呢？

和 "坏" 孩子玩在一起

有些家长希望孩子能和优秀的好孩子玩在一起，目的是希望孩子能有个学习的榜样，从而变得更优秀。所以，当孩子与家长眼中的"坏"孩子玩在一起时，家长常常会因为害怕孩子被带"坏"而使用一些不恰当的话术来阻止孩子的社交，比如：

☹ "你交的那些朋友，一看就不是什么好孩子，以后你必须离他们远点，可千万别被带坏了。"

☹ "跟你讲过多少遍了，不要和'坏'孩子玩，会学'坏'的，你不长记性吗？以后不许再和他一起玩了！"

☹ "以后不许你和成绩不好的'坏'孩子玩，听见了吗？"

☹ "你和那些'坏'孩子一起玩，除了学一堆坏毛病之外，还能学到什么？"

在孩子应该交什么朋友这个问题上，大多数家长表现得都很现实和功利，他们总是运用自己的社交观念来要求孩子，一旦孩子有所违背，他们就会粗暴地呵斥孩子，强迫孩子按照自己的社交观念做出改变。然而，很多时候，家长越是呵斥，越是让孩子做出改变，孩子就越不听，亲子关系也因此变得越紧张。其实，在和谁玩这个问题上，孩子是有自己的想法的，父母不妨花点儿时间听听孩子的想法，找找孩子和"坏"孩子玩在一起的原因。一般情况下，孩子与"坏"孩子玩在一起，主要原因有以下四点。

1. "坏"孩子身上有吸引孩子的闪光点。

2. 孩子缺少朋友，只有"坏"孩子愿意跟孩子做朋友。

3. "坏"孩子可以给孩子带来安全感。

4. "坏"孩子与孩子有着相同的兴趣、性格和信念。

在不清楚孩子为什么会和"坏"孩子玩在一起之前，家长最好不要大张旗鼓地给孩子讲"近朱者赤，近墨者黑"的道理，更不要抱着"我让你不要跟×××玩，都是为你好"的态度去强制中断孩子的社交。家长可以试着和孩子做朋友，平等地和孩子探讨什么是"坏"孩子，该不该与"坏"孩子交朋友以及为什么不要和"坏"孩子交朋友，积极引导孩子主动思考。下面是给家长的一些话术建议。

☺ "来来来，咱们探讨一下，什么样的朋友是'坏'朋友？"

☺ "妈妈认为交朋友在你这个年龄非常重要，尤其是选择跟什么样的人成为朋友，你觉得该不该与'坏'孩子交朋友呢？"

☺ "你能告诉妈妈，你为什么会和老师口中的'坏'学生成为朋友呢？他有哪些地方值得你学习？"

☺ "妈妈觉得你的好朋友脾气有些暴躁，遇事不太冷静，常常会选择用暴力解决问题。因为这一点，妈妈不希望你继续和他玩。当然，交朋友是你的自由，这只是妈妈给你的一个建议，决定权还是在你自己的手上。"

在交朋友这个问题上，孩子不像家长那么理智，家长更多的是站在"这个朋友会给孩子带来什么好处"的角度，从成绩、家庭背景、价值观、为人处世、他人评价等各方面来评判这个朋友是否值得孩子去交。但孩子可能就是因为两人拥有相同的兴趣爱好、共同的话语、合得来的性格，就和对方成了朋友。换句话说，孩子和什么人成为朋友，其实是有自己的想法和判断的。家长需要做的就是在鼓励孩子自由社交的同时，告诉孩子哪些事可以做，哪些事不能做，引导孩子健康社交。

不愿与他人分享

分享是孩子与同龄人建立良好关系的重要方式，是孩子人际关系和谐的重要保障。正因为如此，家长才会在孩子不愿意与他人分享的时候表现得十分生气和担忧，有些家长甚至会用一些不恰当的话术来给孩子贴各种消极标签，比如：

☹ "你这么自私，肯定没有人愿意和你玩。"

☹ "我看你并不是不愿与他人分享，而是没有朋友可以分享吧！"

☹ "你这么自私，难怪会没有朋友。"

☹ "你这么小气，以后谁还会愿意把自己的东西分享给你？"

☹ "你再这么自私，妈妈就不爱你了。"

"自私""没朋友""小气"等都是某些家长在孩子不愿与他人分享时，贴在孩子身上的消极标签。这些标签不但会伤害孩子的自尊心，还会使孩子不愿分享的行为变本加厉。那么，孩子为什么不愿意与他人分享呢？其主要原因有如下四点。

1. 孩子把分享等同于失去，只看到了分享中的失去，没有感受到分享带来的快乐。

2. 孩子个性谨慎，常以自我为中心，不愿与他人分享。

3. 要分享的东西对孩子来说过于珍贵，孩子舍不得。

4. 有些东西孩子生怕分享之后，被别人超越，如学习方法、学习资料等。

在找到孩子不愿与他人分享的原因之后，家长要多给孩子一些引导和鼓励，让孩子从分享中感受到幸福和乐趣，从而更愿意主动与他人分享，进而更好地融入群体。下面是给家长的一些话术建议。

☺ "从表面上看，我们把好吃的拿来与人分享，的确是失去了一些好吃的，但是，我们可能会因此收获朋友，收获快乐啊！"

☺ "你不愿意跟其他同学分享你的学习心得与方法，是因为害怕他们超过你吗？如果真是这样，那你没有足够的自信呢！"

☺ "每个人都喜欢吃美食，如果你有好吃的，和大家一起吃，那样大家都会开心，你觉得呢？"

☺ "你认为这是一本十分有趣的故事书，那你的朋友一定也对这本书感到好奇，你就不想和你的朋友一起再读一遍吗？"

　　对孩子来说，分享非常重要，它是孩子收获朋友和友谊的重要途径，也是孩子学习和成长的重要途径。因此，面对不愿与他人分享的孩子，家长切忌给孩子贴上消极的标签，要多给孩子一些引导和鼓励，以帮助孩子学会分享，并主动分享，让孩子通过分享收获朋友、友谊，让他们更好地学习和成长。

和朋友起了冲突

什么事让孩子这么不开心?

哼！我再也不跟×××玩了！我讨厌他。

在社交过程中，孩子与朋友发生冲突，本身就是一件很平常的事。但有些家长生怕自家孩子受到欺负，常常会在没问清楚青红皂白之前，就盲目地用不恰方的话术给孩子提供一些不合适的应对方法，从而使原本很平常的事变得复杂起来。下面列举一些家长在给孩子提供不合适的应对方法时使用的不恰当的话术。

😞 "他欺负你，那你怎么没有告诉老师呢？"

😞 "他是怎么欺负你的？走，我带你找他去。"

😞 "以后咱不跟他玩了。"

😞 "好端端的，他为什么要欺负你呢？肯定是因为你太好欺负了。以后他要是再欺负你，你也去欺负他。"

上面所列举的这些话术并不能更好地解决孩子的问题，反而会剥夺孩子提升解决冲突能力的机会。另外，如果孩子听取了家长的上述建议，那他们极有可能会形成暴力行为或依赖的性格，更不利于解决冲突。如果家长想要提升孩子解决冲突的能力，首先要做的是了解冲突发生的原因。下面列举一些导致孩子之间发生冲突的原因。

1. 孩子在社交中不懂得分享与合作。

2. 孩子的语言表达能力有限，遇到问题时无法正确地运用语言来表达。

3. 孩子之间在意见、观念上出现了分歧。

那么，家长要怎么做才能了解孩子之间发生冲突的原因呢？最简单有效的方法就是借合适的话术来引导孩子表达自己的情绪，从而主动说出冲突发生的原因。下面是给家长的一些话术建议。

☺ "你现在一定很难过吧？妈妈理解你的心情，需要妈妈抱抱你吗？"

☺ "你能和妈妈说说你与朋友之间发生了什么事吗？"

☺ "你和朋友肯定都不希望发生冲突，相信你心里一定很难过，你朋友肯定也难过。你能告诉妈妈为什么会发生冲突吗？"

☺ "你有没有什么好的方法来化解你和朋友之间的冲突呢？"

解决冲突的能力是孩子在人际交往中必备的一项能力，它不但影响孩子社交能力的提高，还影响孩子情商的发展。因此，家长务必做好引导，引导孩子学会合理地表达意见或分歧，能够主动化解或避免冲突。

喜欢攀比

孩子在社交过程中，常常会出现"别人有什么，我就要有什么"的盲目攀比心理。每当孩子因攀比而追着家长要这要那时，有些家长常常会因为无奈、生气而对孩子说一些不恰当的话术，比如：

☹ "你怎么啥都想要啊？你知不知道爸妈挣点钱有多不容易？你能不能懂点事，不要乱花钱？"

☹ "你小小年纪就不学好，非要跟人家比吃的、穿的、用的，咋不跟人家比比学习呢？"

☹ "你看看人家×××，多懂事，成绩又好，又不乱攀比。再看看你，一点儿上进心都没有，还整天爱慕虚荣！"

☹ "买买买，你就知道买，有本事自己挣钱去买啊！"

上面这些话术非但不能打消孩子盲目攀比的念头，还会使孩子堆积更多的负面情绪，严重危害孩子的心理健康。由此可见，家长的话术影响孩子攀比心理的发展方向。其实，孩子喜欢攀比的原因有很多，常见的有以下三点。

1. 孩子害怕自己与其他人不一样，攀比是为了获得集体的认同。

2. 家长总拿自家孩子与别的孩子比较，或者家长也爱攀比，从而在无形中使孩子也形成了攀比心理。

3. 孩子企图从攀比中获得优越感和自信。

当家长发现自家孩子产生攀比心理，喜欢攀比时，务必用好话术，对孩子做好沟通和疏导，找到孩子喜欢攀比的原因，再根据具体原因引导孩子树立正确的价值观。下面是给家长提供的一些话术建议。

☺ "如果你想通过某件物品来融入某个群体的话，妈妈觉得那很肤浅，而且这样的群体也很难给你带来积极的影响。妈妈认为你可以充分发展你的兴趣爱好，让你的兴趣爱好成为打开社交之门的钥匙，你觉得呢？"

☺ " '别人有，我也要有'这个理由不能说服妈妈。当然，你也可以用你的零花钱去买这件物品，这是你的自由。"

☺ "妈妈觉得和别人攀比就是在给自己徒增烦恼，你不妨试着和自己相比，把今天的自己和昨天的自己相比。如果你能从中找到一点进步，就是值得高兴的。"

☺ "你想要的这些爸妈都可以给你提供，但那毕竟不是你自己通过努力得来的，即便你最终占了优势，也不光彩。"

在孩子喜欢攀比、盲目攀比时，家长的话术就显得尤为重要。家长在组织话术时，注意不要给孩子太多的压力，也不要一味地满足孩子的欲望，要以身作则，给孩子做好榜样，以帮助孩子树立正确的价值观，塑造健全的人格。

兄弟姐妹发生争吵

在拥有两个或两个以上孩子的家庭中，孩子之间发生争吵几乎是不可避免的。然而，当孩子发生争吵时，有些家长会因为各种各样的原因，如情绪不佳、事务繁忙等，或有意或无意地使用一些错误的话术，企图用这些错误的话术来让孩子停止争吵。下面是一些家长常说的错误话术。

☹ "你是姐姐/哥哥，你得让着点弟弟/妹妹。"

☹ "你是怎么当哥哥/姐姐的？"

☹ "弟弟/妹妹又不是故意的，你何必不依不饶的呢？"

☹ "别人家的兄弟姐妹都是相亲相爱、互帮互助的，为什么偏偏你们就不能好好相处呢？"

☹ "你们太吵了！出去！"

上面这些话术要么从要求年长的孩子学会谦让和忍耐出发，要么直接采取一些指责、暴力的语言。前者可能会使哥哥或姐姐养成忍耐或叛逆的性格，后者则直接给孩子传递了愤怒、暴躁的情绪，这两种话术对培养孩子健全的人格都是不利的。那么，兄弟姐妹之间为什么会发生争吵呢？

1. 想通过争吵来获取家长的关注。

2. 孩子之间出现了利益冲突，谁也不愿妥协。

3. 年纪小点儿的孩子往往会仗着家长的偏爱而无理取闹，而年纪大的不想对此退让。

耐心倾听孩子解释争吵的原因，站在孩子的立场去理解孩子，而不从家长的角度去判定谁对谁错、谁好谁坏，这才是明智的家长处理孩子争吵的有效方式。此外，家长要试着去寻找与孩子沟通的恰当话术，积极引导孩子和睦相处。下面是给家长提供的一些话术建议。

☺ "发生什么啦？能一个一个地来说给妈妈听吗？"

☺ "弟弟抢了你的玩具，你觉得很委屈吧？"

☺ "喜欢的东西被弟弟/妹妹弄坏了，你一定很难过吧？"

☺ "妈妈不喜欢看到你们争吵，你们能商量一下怎么样做才能好好相处吗？"

☺ "你把哥哥/姐姐心爱的东西弄坏了吧？接下来你要怎么跟哥哥/姐姐和好呢？"

其实，兄弟姐妹之间相处也属于孩子的社交，而兄弟姐妹之间能否和睦相处，在一定程度上是可以反映孩子的社交能力强弱的。因此，家长在处理孩子的争吵时，务必借助恰当的话术来进行引导，以帮助孩子提升社交能力。

第七章

带孩子出游的话术

　　家长带孩子出游，一方面是为了拓宽孩子的眼界，增长孩子的见识；另一方面是为了增进亲情，拉近亲子关系。然而，在出游的过程中，家长总会因为这样那样的突发状况，对孩子说出一些不太合适的话语，破坏了大人、孩子的出游心情，导致亲子之间出现隔阂。那么，这些突发状况具体有哪些呢？家长在遇到这些状况时，应该怎么和孩子沟通才更合适呢？

啥都想买回家

我们先约定好，在超市里不能随便拿东西。

我知道了，妈妈。

家长在带孩子出游的旅途中，常常会遇到孩子看到什么都想买回家的情况。为了让家长给自己买，孩子要么撒娇耍赖，要么当场大哭大闹，这两种方式都极易导致家长情绪急躁，进而对孩子说出一些不太合适的话语，比如：

☹ "这东西买来有什么用？简直就是浪费钱，不买。"

☹ "买吧，买吧！早知道就不带你出来了。"

☹ "你怎么啥都想买，有本事自己挣钱买啊？"

☹ "买吧！买了下次就不带你出来玩了。"

☹ "不买，快走，再不走我可就走了啊，留你一个人在这里！"

上面所列举的这些话术里都充斥着不满，不论最后家长有没有给孩子买他想买的东西，都无法给孩子带来愉悦感，反倒会令孩子感到不安。孩子之所以有看到什么都想买回家的心理，主要原因有以下四个。

1. 孩子对金钱、数字没有概念，不知道家长的钱是怎么来的。

2. 孩子只在乎东西新不新奇、好不好玩，不在乎是否适合自己或是否有用。

3. 看到别的孩子有，自己也想要有。

4. 孩子无法克制自己的欲望。

在出游路上，孩子必定会看到很多新奇的、有趣的事物，若孩子每看到一件就想买一件，那自然会有一些要求是不合理的。面对这些不合理要求，哪怕是孩子撒娇、耍无赖也好，大哭大闹也罢，家长都不应该大吼大叫，不要用不满的语气跟孩子对话。面对这种情形，家长可以试试用下面的这些话术与孩子沟通。

☺ "你先告诉妈妈，你为什么要买这个商品，好吗？"

☺ "妈妈很爱你，也很想给你买这个玩具，但这个玩具家里已经有两个了，不可以再买了。你要是伤心，可以先在这里哭一会儿。"

☺ "哭解决不了问题，你要是还想哭，那就先等你哭完了，咱们再商量，好吗？"

☺ "你要不要先去前面逛逛？前面好像还有更有趣的东西呢！"

　　家长不能因为孩子要什么就给买什么，也不能因为孩子哭闹、撒泼而妥协，更不能生硬地拒绝孩子的要求。家长要能看到孩子的情绪，给孩子相应的回应，借此机会帮助孩子建立正确的消费观念，培养孩子的金钱意识。在这个过程中，家长务必把握好话术，让孩子愿意倾听，且能听到心里去。

出游时闹情绪

家长在带孩子出游的过程中，难免会出现孩子在大庭广众之下闹情绪的情形。出游时遇到孩子当众闹情绪，这是家长在带孩子出游的过程中所遇到的一个比较大的难关和挑战。有些家长在试图安抚孩子情绪的过程中，常常会因为失去耐心而情绪过激，一时气急败坏竟当众训起了孩子，说了一些让孩子不安的话语，比如：

☹"别闹了，好不好？你看大家都在笑话你呢！"

☹"闭上你的嘴巴！不听话，你试试！"

☹"你看周围有哪个小朋友在哭啊？你也太不乖了。"

☹"你别闹了，再闹我就把你一个人留在这里了！"

☹"你再这样闹，下次就不带你出来玩了！"

☹"闭嘴，出来玩也不让人省心！你怎么这么难伺候呢？"

上面这些话术容易给孩子幼小的心灵带来伤害，如心生不安，质疑父母对自己的爱等。其实，孩子天性好玩，出游时大多都很兴奋，在出游时闹情绪必然是有原因的，常见的原因有以下五点。

1. 饿了、渴了、热了、冷了、累了、无聊了或不舒服了。

2. 对旅游景点不感兴趣。

3. 旅途中遇到了困难，如山太高了，爬一半不想爬了。

4. 还没玩够，家长就催着离开。

5. 对于想要的东西，家长不给买。

孩子在旅途中闹情绪，家长在安抚时，务必先控制好自己的情绪，而后再心平气和地去接纳孩子的情绪，理智恰当地运用话术引导孩子表达闹情绪的原因。下面是给家长的一些话术建议。

☺ "你怎么突然不高兴啦，发生什么了？你来跟妈妈说说。"

☺ "哭得这么伤心，你一定很难过吧？你需要妈妈做什么吗？"

☺ "我们先坐会儿，你先喝口水、歇会儿，好吗？"

☺ "你要想哭的话，妈妈在这里陪着你，等你哭完了，我们再继续玩，好吗？"

☺ "你这么闹情绪，也不跟妈妈说说为什么，妈妈一时半会儿也猜不到你的心思。你看这样好不好，你先跟妈妈说说你的想法，然后咱们一起想办法解决，好吗？"

在出游的过程中孩子闹情绪时，家长务必把握好话术，以免因为话术不合适而使孩子心里不安，破坏亲子之间的关系。另外，家长用好话术可以引导孩子表达情绪，从而能够更有效地安抚孩子的情绪。

孩子总问为什么

在带孩子旅游的途中，很多孩子对途中的所见所闻都会感到好奇，他们总是缠着家长问这问那，有些问题更是问得无厘头，让家长无从回答。当孩子问题太多时，有些家长会显得很不耐烦，从而对孩子说一些不太合适的话，比如：

☹ "你哪来那么多'为什么'，就你问题多，烦人！"

☹ "你别问了，这些问题等你长大了自然会明白的！"

☹ "这么简单的问题，你还用得着问吗？"

☹ "你不要再问了，安静地赏会儿景，行吗？"

上面这些话术都将家长烦躁、不耐烦的情绪直接表现出来了，这不但会打击孩子提问题的积极性，还会在一定程度上扼杀孩子的好奇心，不利于培养孩子独立思考的能力。其实，大人在旅途中遇到新鲜事物时，难免也会多问几个为什么，何况孩子呢？通常，孩子在旅途中总问为什么，主要原因有以下三点。

1. 孩子的好奇心强，对新事物充满好奇。

2. 孩子的求知欲强，爱动脑筋。

3. 孩子在旅行中被家长忽视，总问为什么是为了彰显存在感，让家长关注自己。

大多数情况下，孩子爱问为什么，更多的是受好奇心的驱使，是孩子好求知、爱思考的表现。而家长态度的好坏是能否呵护孩子好奇心、保护孩子求知欲的关键。这个态度主要是通过家长的话术体现的。因此，家长在面对孩子各种各样的"为什么"时，不但要耐心应对，还要注意使用恰当的话术来回答。下面是给家长的一些话术建议。

☺"你这个问题问得很好，妈妈想先听听你是怎么想的。"

☺"你觉得呢？你认为会是什么原因？"

☺"你先猜猜看这是什么？"

☺ "你这个问题问得很有水平，妈妈也答不上来。要不我们去向导游咨询吧？"

家长回答孩子提问的话术的好坏，是孩子好奇心能否得以持续、认知能否得以提升的关键。所以，家长要多给孩子一点耐心，真诚地对待孩子的提问，保护孩子的好奇心和求知欲，帮助孩子拓宽视野，增加知识，构筑认知。

玩"疯"了而不想回家

　　家长带孩子外出旅游时，常常会遇到孩子玩开心了不想回家的情形。这种时候，怎么与孩子沟通就成了家长比较头疼的问题，有些家长会因为情绪不耐烦而对孩子说出一些不恰当的话术，比如：

　　☹ "不想回家，那你就自己留在这里吧！"

　　☹ "你是玩'疯'了吧？你走不走？你不走，我抱你走，往后不会带你来这里玩了！"

　　☹ "你不回家，是吧？好，那你以后就别回去了！"

　　☹ "你玩得差不多就行了啊！咱都出来几天了，该回家了！"

　　上面这些话术其实是家长在强势地与孩子进行暴力沟通，这会给孩子传递一种"爸妈不爱我"的信息，使孩子的内心失去安全感。实际上，孩子之所以出现游玩时不想回家的情景，主要原因有以下三点。

　　1. 孩子喜欢这个旅游景点。

　　2. 孩子在整个旅程中玩得很愉快。

　　3. 孩子遇到了自己感兴趣的人或事。

大多数时候，孩子外出游玩时不想回家，那说明他玩得很开心，这也是家长带孩子外出游玩时最希望看到的。如果因为孩子不愿离开，而破坏了整个旅程愉悦的氛围，那不免会有些遗憾。因此，当孩子玩得高兴而不愿意回家时，家长要注意自己的话术，要让孩子感觉到家长尊重自己，能看到自己的需求。下面是给家长的一些沟通话术的建议。

☺"你愿意和妈妈分享一下不想回家的原因吗？"

☺"我看得出来，你很舍不得这里，但我们的旅程结束了，要回家了。来，妈妈抱抱你。"

☺"你可以选择继续留在这里玩，但是爸爸妈妈不能继续留下来陪你，我们得回去上班。你真的想一个人留在这里玩吗？"

☺"妈妈知道你很喜欢这里，妈妈答应你，下次一定再带你来玩。不过这次我们真的得回家了，因为假期结束了，妈妈得继续回公司上班，你得回学校上课了。"

当孩子玩"疯"了而不想回家时，家长不要急着用不恰当的话术来催促他，以免让孩子觉得厌烦，进而情绪崩溃，当众闹情绪，和家长唱反调。家长可以借助话术来安抚他的情绪，让他感受到父母是爱自己的，自己应该回家了。这样可以争取给亲子旅游画上一个圆满的句号。

鼓励孩子的话术

每一个孩子都渴望得到他人，尤其是家长的鼓励和肯定。不是每个成绩优秀、比赛获奖、被老师表扬的孩子都能得到家长的鼓励，相反，得到的可能是否定和打压。这是为什么呢？父母鼓励孩子的话术又该怎么说呢？

考试取得好成绩

当孩子取得好成绩回家后，家长的内心其实也很欣慰。但是，为了不让孩子骄傲，他们常常会选择隐藏自己内心的喜悦，说一些打压孩子信心的话，还时不时督促孩子不要骄傲，要更加好好地学习。下面是一些家长常常打压孩子信心的话术。

☹ "瞧你那兴奋的样子，不知道的还以为你拿第一名了呢。"

☹ "你别骄傲，争取下次再前进几名。"

☹ "你有啥好开心的，人家×××考得更好，也没像你这么高兴。"

☹ "瞧你这没出息的样子，有本事下次考个第一名啊！"

上面这些家长自以为不会让孩子骄傲自满、不思进取的话术，常常会给孩子带来一些负面影响，使孩子缺乏自信。其实，孩子能够取得好成绩，是需要付出时间和精力的。对于大多数孩子来说，取得好成绩都需要满足以下一个或多个前提条件。

1. 孩子对近期所学的知识点掌握得很好。

2. 孩子平时在学习上花了很多时间和精力，成绩一直在稳步上升。

3. 孩子学习状态良好。

4. 孩子考试前在复习上下了很大的功夫。

可以说，孩子取得的每一个好成绩都离不开平时的努力，而每一个取得好成绩的孩子的内心都非常渴望得到家长的肯定，他们都期望家长能够看到自己的努力和进步。而这些都会从家长的话术中得到体现。由此可见，在孩子取得好成绩时，家长的话术也十分重要。下面是给家长的一些话术建议。

☺ "取得这么好的成绩，你一定很开心吧！妈妈也为你感到高兴呢！"

☺"这次成绩确实很不错，看来你对最近所学的知识点掌握得很好啊！"

☺"妈妈知道你在考试前下了很大的功夫，这些功夫没白费呢！"

☺"你这次进步了很多哦！你有没有觉得以后的压力很大呀？"

其实，家长合适的话术对孩子是有激励和导向作用的，尤其是在孩子取得好成绩的时候。因为家长合适的话术里面包含了对孩子学习态度和学习成绩的认可。这种认可是提升孩子自信、增强孩子学习动力的关键。因此，家长务必注重话术训练，切勿因话术不当而挫伤孩子的进取心，让孩子失去自信和学习动力。

参加比赛获奖

　　有些家长太过于看重考试成绩了，以至于当孩子在与学习无关的其他领域获奖时，他们很难发自内心地为孩子感到高兴，反而常常会说一些打击孩子的话术，比如：

　　😞 "你这个奖有什么含金量啊？随便一个小孩都能拿到。"

　　😞 "你又不是考试拿奖，至于这么高兴吗？"

　　😞 "你不就是拿了一个奖吗？它又无法提高学习成绩。"

　　😞 "你拿这种奖有什么用，上学期间，还是学习最重要。"

　　殊不知，在家长的这些打击话术下，孩子获奖后的荣誉感和自信心很容易会转变成失落感和无力感，甚至孩子与家长之间也会产生嫌隙，亲子间的隔阂只会越来越大。家长这些打击孩子的话术，其实对培养孩子的兴趣是极其不利的，很可能是扼杀孩子兴趣、消除孩子天赋优势的罪魁祸首。一般来说，孩子能在某个比赛中获奖的原因主要有以下三个。

1. 孩子平时就对比赛的领域十分感兴趣，愿意主动去探索和学习。

2. 恰好比赛内容就是孩子的优势和长处。

3. 孩子想通过比赛增强自己的荣誉感和自信心，投入了很多时间和精力。

其实，孩子在自己喜欢的领域探索和学习，更利于培养他们集中的注意力和敏锐的思维力，这对他在学校的学科学习也是极有帮助的。因此，当孩子参加比赛获奖时，家长切不可因为此奖项与孩子的考试成绩无关而采用不恰当的话术去打击、伤害孩子，以免遏制了孩子的兴趣和优势。下面是给家长的一些话术建议。

☺ "恭喜你获奖了呀！说明你在这方面还挺厉害的呢！你现在是不是很开心呀？妈妈也替你感到开心呢！"

☺ "不错不错，能把个人兴趣发展到获奖，说明你很厉害嘛！"

☺ "给你点个赞！你要再接再厉，但不要因此忘了学习哦！"

☺ "哇！看来你在这个领域很有天赋！以后学习之余，你可以多在这个领域花点儿时间。"

很多时候，孩子参加比赛获奖，不但可以激发他的荣誉感和自信心，还可以增强孩子学习的主动性。因此，在孩子参加比赛获奖时，家长务必注意自己的话术，给孩子以肯定和鼓励，以免使孩子失去自信和兴趣。

被老师表扬了

孩子在学校得到老师的表扬，家长本应该为此感到高兴，毕竟这是老师对孩子在某方面的一种认可和鼓励。然而，在孩子反馈被老师表扬时，有些家长即便听了心里高兴，也不会在孩子面前表现出来；相反，他们常常会将喜悦留在心里，并且借助一些话术来打击或教导孩子，比如：

☹ "人家老师也就是顺口一说，你还真以为是在夸你啊？"

☹ "虽然老师表扬了你，但你也不要太骄傲，要继续努力才是。"

☹ "你不就是被表扬一次嘛！有能耐天天让老师表扬啊！"

☹ "别人家的孩子经常被老师表扬，你才被表扬几次啊，还好意思跟我说？"

不论家长抱着怎样的出发点对孩子说出上面这些话术，都会在一定程度上伤害孩子的自尊，致使孩子无法正视被老师表扬这件事。其实，老师会表扬孩子，无非是因为以下三点。

1. 孩子在学校的行为表现良好。

2. 孩子的成绩有所进步。

3. 老师看到了孩子的某些优点。

总的来说，老师表扬孩子，更多的是对孩子的一种认可和鼓励，孩子从中可以获得自信与成长。因此，当孩子被老师表扬时，家长可以借助合适的话术来引导孩子主动分析为什么会受到表扬，是在哪些方面取得了进步以及今后打算怎么做，等等。下面是给家长的一些话术建议。

☺ "啊！那你今天在学校一定表现得很好了！你能跟妈妈说说，老师为什么会表扬你吗？"

☺ "是吗？老师表扬你什么了呢？"

☺ "被老师表扬，你一定很高兴吧！你是在哪方面取得进步了呀？"

☺ "哇！那妈妈采访你一下，被老师表扬后，你接下来会怎么做呢？"

对孩子来说，老师的表扬和家长的认可具有同样重要的意义。也就是说，每一个孩子都希望得到老师、家长的共同认可和鼓励。因此，家长要主动与老师沟通孩子的教育问题，随时掌握孩子的学习状况，及时给予孩子支持和鼓励，以帮助孩子建立自信，使孩子更健康地成长。

亲友夸赞孩子听话

在亲友当着孩子的面向家长夸赞孩子听话时，有的家长或趁机给孩子传递更高的期望，或否定亲友的称赞以示谦虚。他们常常会用下面的话术来回应亲友的称赞。

☹"哪里哪里！和同龄孩子一比，他就差远了。"

☹"那是你没看见他在家的样子，很让人生气的。"

☹"没有没有，他只是在你们面前才这般听话。"

☹"那是你们见他的次数较少，见得多了，就知道他有多不听话了。"

本来被亲友夸赞，是一件令孩子十分高兴、自豪的事，但是经家长那么一回复，反倒成了孩子被指责、被批评的导火索，一方面会让孩子在亲友面前失了面子，另一方面会强化孩子"不听话"的标签，使孩子变得更加叛逆。既然孩子在家长口中表现得如此不听话，那么，为什么还会有亲友夸赞其听话呢？其主要理由大概有以下四点。

1. 孩子本身就很听话，亲友实话实夸，只是家长对孩子的期望过高。

2. 亲友只是在说客套话、场面话。

3. 亲友的参照对象比孩子更调皮。

4. 亲友和家长所理解的听话范畴不一样，导致二者的观点出现差异。

其实，亲友夸赞孩子听话，是在给孩子传递被认可的信息，是能够帮助孩子建立自信的。因此，家长可以借亲友的夸赞来正向激励孩子，用话术引导孩子明白被夸赞的原因，激发孩子积极向上的生活态度。下面是给家长的一些话术建议。

☺ "还好啦！他要是学习上再努力一点，就更好啦！"

☺ "是的呢！尤其是他每天放学后主动做作业这一点极好。"

☺ "是呀！他越长大越懂事了！"

家长采用积极、正面的话术回应亲友对孩子的夸赞，借此来表达自己对孩子的认可和赞美，有以下几点好处。第一，可以强化孩子的优点；第二，可以给孩子传递积极、正面的信息，使孩子变得更加自信；第三，可以拉近亲子间的距离。由此可见，家长回应亲友的话术很重要，每一个家长都应该对此类话术进行反思和总结。

附录
APPENDIX

家长话术模型对照表

场景	阅读本书前的家长话术 ☹	阅读本书后的家长话术 ☺
赖床不起	"都几点了，怎么还在睡？"	"起床啦，有香喷喷的早餐哦！"
拖拉磨蹭	"快点儿，别磨蹭了！"	"可以稍微加快一点儿速度吗？妈妈有些着急。"
不吃早餐	"早餐必须吃，不吃不行！"	"怎么了？没有你想吃的食物吗？"
丢三落四	"你怎么回事，老是丢三落四的？"	"忘带东西容易让人烦躁，以后还是得注意一下。"
不想上学	"你不上学，你要干什么呢？"	"你可以不去上学，但你得自己待在家里。你想一个人待在家里吗？"
拉帮结派	"你能耐不小嘛，都会拉帮结派了！"	"听说你在学校加入了某个团体，这个团体怎么样呀？有趣吗？"

（续表）

场景	阅读本书前的家长话术 ☹	阅读本书后的家长话术 ☺
成绩下降	"成绩怎么会下降了这么多？你有没有在好好学？"	"成绩下降了，你肯定很难过吧？你有没有想过原因呢？"
逃课	"为什么要逃课？逃课去做什么？谁教你逃课的？"	"怎么突然想到要逃课呢？在学校不愉快吗？"
打架	"为什么要打架？我不是告诉过你不许打架的吗？"	"打架会伤害彼此，却解决不了问题，妈妈希望你能吸取教训。"
一做作业就想上厕所	"你事儿可真多，赶紧给我坐下写作业！"	"坐下来写作业吧！妈妈在旁边看书陪你。你要是遇到了难题，随时可以向妈妈求助！"
一问三不知	"这也不会，那也不会，干脆这书别念了！"	"你怎么会一问三不知呢？是在课上没有听懂吗？"
抱怨作业太多	"多什么多，我看你废话才多，赶快写。"	"你指的是所有作业吧！虽然每科作业不多，但加起来还是不少的。咱一科一科地做，很快就可以搞定啦！"

（续表）

场景	阅读本书前的家长话术 ☹	阅读本书后的家长话术 ☺
一遇到难题就求助家长	"别一遇到难题就喊妈，自己也动动脑子！"	"这道题确实有点儿难度。你先别着急，先调整好状态，慢慢来。"
房间乱糟糟	"你看看你这房间，乱得都快赶上'猪窝'了！"	"妈妈看到你这乱糟糟的房间，心情不太好，你能动手收拾收拾吗？"
不经允许就拿父母的钱	"小小年纪学什么不好，偏要学'偷'钱。"	"家里的很多东西并不是可以随便拿的！比如钱就不可以，要经过爸妈的同意才能拿。"
挑食偏食	"你这么挑，都是因为没挨过饿！"	"今天的晚餐咱来比一比，看看谁吃的蔬菜最多，好吗？"
不打招呼	"你哑巴了吗？快跟人打招呼呀！"	"你很紧张吧！但是紧张也要打招呼，因为这是非常重要的礼节。"
和"坏"孩子玩在一起	"你交的那些朋友，都不是什么好孩子，以后离他们远点，免得被带坏了。"	"来，咱们探讨一下什么样的朋友是'坏'朋友？"

（续表）

场景	阅读本书前的家长话术 ☹	阅读本书后的家长话术 ☺
喜欢攀比	"比吃、比穿有什么出息，有本事跟人家比成绩啊！"	"你想要的这些爸妈都可以给你提供，但那毕竟不是你自己通过努力得来的，即便你最终占了优势，也不光彩。"
兄弟姐妹争吵	"你是姐姐，应该让着点弟弟。"	"妈妈不喜欢看到你们争吵，你们能商量一下怎么样才能好好相处吗？"